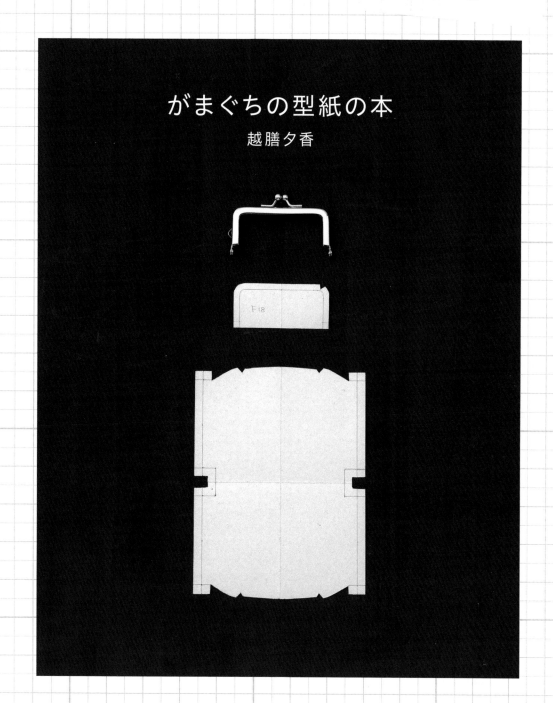

がまぐちの型紙の本
越膳夕香

[step 1] がまぐちの基本

口金の基本 ... p.3　　口金のサイズについて ... p.4
がまぐち作りに必要な道具 ... p.7　　がまぐちの作り方 ... p.8

[step 2] 口金に合わせて型紙を作る

角型の口金 ... p.20

まちのない形 ... p.22
2枚合わせの脇折れまち ... p.24
ふっくらした形 ... p.26
つまみ底まち ... p.28
切り替え ... p.32
たたむまち ... p.33
別布でまちをつける ... p.34
変形タイプ ... p.40

変わり型の口金 ... p.54

L字型口金 ... p.56
二つ山口金 ... p.57
仕切りつき口金 ... p.58
三枚口金 ... p.59
親子口金 ... p.60
その他の口金 ... p.61

丸型の口金 ... p.42

まちのない形 ... p.44
2枚合わせの脇折れまち ... p.46
ふっくらした形 ... p.47
つまみ底まち ... p.48
別布でまちをつける ... p.50
変形タイプ ... p.53

付属するパーツ ... p.62

持ち手 ... p.64
ポケット ... p.66
仕切り ... p.68
根付飾り ... p.69

[step 3] アレンジしてがまぐちを作る

A. 小物ケース ... p.70
B. ツールケース ... p.71
C. ポーチ ... p.72
D. ミラーつきボックスコスメポーチ ... p.73
E. おにぎりバッグ&ボトルケース ... p.74
F. ハンドバッグ ... p.75
G. 二つ折り財布 ... p.76
H. 長財布 ... p.77
I. ポーチ ... p.78
J. クラッチバッグ ... p.79

この本に関するご質問は、お電話またはWebで
書名...がまぐちの型紙の本
本のコード...NV70549
担当...加藤みゆ紀
Tel...03-3383-0634（平日13:00～17:00受付）
Webサイト...「手づくりタウン」
https://www.tezukuritown.com/
※サイト内（お問い合わせ）からお入りください。（終日受付）

★本誌に掲載の作品を、複製して販売（店頭、ネットオークション等）することは禁止されています。手作りを楽しむためにのみご利用ください。

[step 1] がまぐちの基本

がまぐち作りに必要な基本を覚えて、がまぐち作りにチャレンジしてみましょう。

口金の基本

がまぐち作りは、まずは口金選びから。特徴を知って、適切な口金を選びましょう。

●口金の部分名称とサイズ

角型…角のある四角い形の口金。

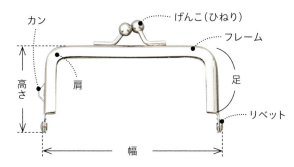

丸型…角のない丸い形の口金。

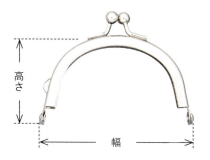

変わり型…上記以外のL字や二つ山、親子など。
本書で紹介したのはごく一部、まだほかにもいろいろな形があります。

くし型
くし型は丸と角の中間タイプ形で、髪をとかすくしのような形をしています。

●口金のつけ方の種類

接着剤+紙紐
溝に接着剤を塗り、袋を差し込み、紙紐で押さえてつけます。本書でメインに紹介している口金です。

ねじどめ
溝に袋を差し込み、フレームの内側をねじで固定します。木工やアクリル素材で幅が広めの口金が多いです。

カシメどめ
溝に袋を差し込み、カシメを打って固定します。つけるときにはカシメの打ち具と打ち台も必要です。

縫いつけ
縫いつけ用の小さな穴が開いている口金。基布がニット地の布や、編み物のがまぐちに向いています。

3

口金のサイズについて

がまぐちを作るときに悩ましいのが、口金のサイズです。どう選べばいいのか考え方を詳しく解説します。

●口金のサイズの考え方

〔 がまぐちのサイズは口金から決まる 〕

がまぐちは袋口の形が口金で固定されます。幅は口金の内側よりも小さいものまでしか入りません。口金よりも幅や奥行きが大きいものは入れるのが難しいので、入れたいものが決まっている場合には注意して選びましょう。

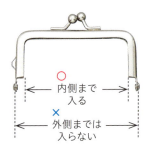

〔 縦に入れる？横に入れる？ 〕

袋口の形は口金で決まりますが、深さは自由に調整できるので、横で入らないものでも縦なら入れられます。

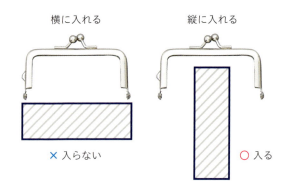

〔 足の長さと袋口の関係 〕

同じ幅の口金でも、足の短い口金だと奥行きのあるものは入れることができないので注意しましょう。

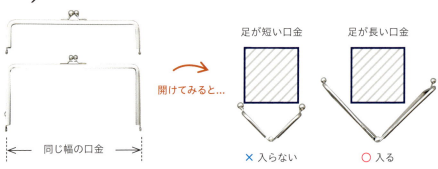

〔 角型と丸型の違い 〕

角型の口金は、袋口の端までものを入れることができますが、丸型の場合はカーブがあるのでデッドスペースができます。同じ幅の口金でも入れられる量に違いがあるので注意しましょう。

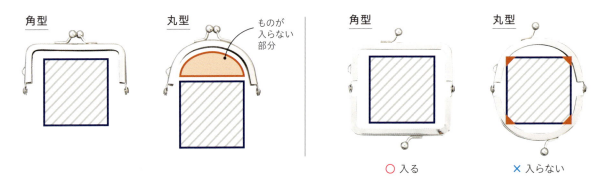

● 入れるものから選ぶ口金のサイズ

ここでは、入れるものに合わせたおすすめのサイズの口金を紹介します。口金選びの参考にしてください。
※入れるものは一例で、サイズは目安です。口金のサイズは幅×高さ（型番）で表記しています。

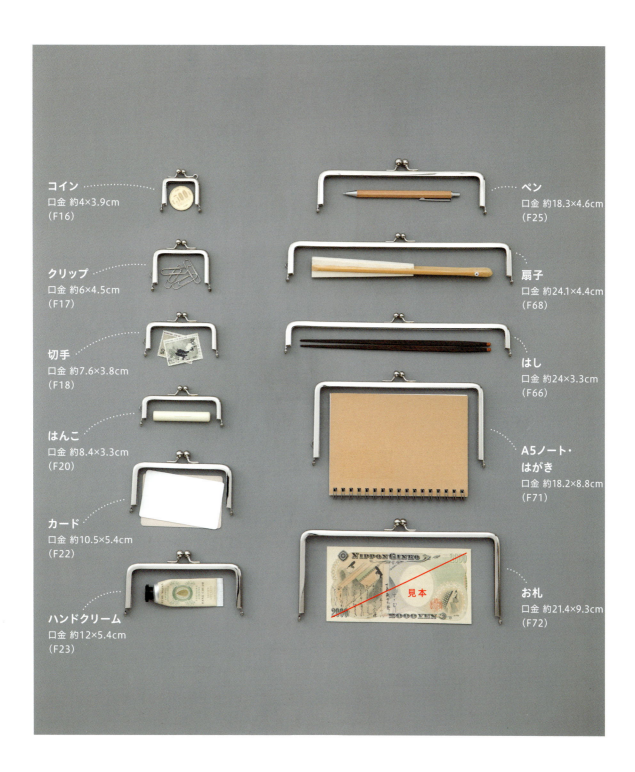

コイン
口金 約4×3.9cm
（F16）

クリップ
口金 約6×4.5cm
（F17）

切手
口金 約7.6×3.8cm
（F18）

はんこ
口金 約8.4×3.3cm
（F20）

カード
口金 約10.5×5.4cm
（F22）

ハンドクリーム
口金 約12×5.4cm
（F23）

ペン
口金 約18.3×4.6cm
（F25）

扇子
口金 約24.1×4.4cm
（F68）

はし
口金 約24×3.3cm
（F66）

A5ノート・はがき
口金 約18.2×8.8cm
（F71）

お札
口金 約21.4×9.3cm
（F72）

口金提供／角田商店

●口金と袋の深さ

同じ口金でも、袋の深さを変えるだけでこんなに見た目が変わります。

●角型口金
（幅7.6cm×高さ3.8cm／F18）

胴の深さ
- 4cm　はんこサイズ
- 7.5cm　コインケースサイズ
- 11cm　カードサイズ

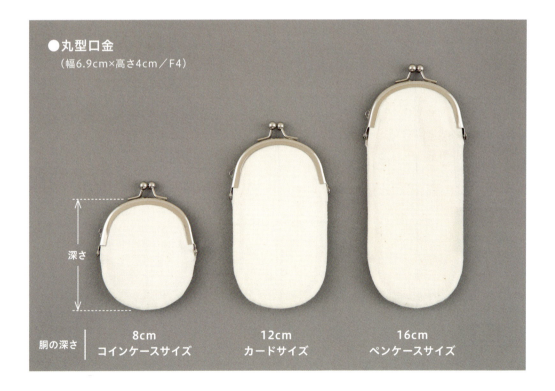

●丸型口金
（幅6.9cm×高さ4cm／F4）

胴の深さ
- 8cm　コインケースサイズ
- 12cm　カードサイズ
- 16cm　ペンケースサイズ

がまぐち作りに必要な道具

がまぐち作りに必要な基本の道具を用意しましょう。

●型紙作りに使う道具

●用紙と芯材

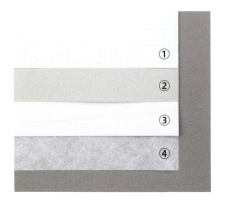

①**方眼定規**…5mm方眼入りの定規。30～50cmで、カッターを当てて紙を切ることができる金属エッジつきのものを。
②**袖丸み形**…和裁で袖の袂の丸みを引くための道具で、3枚セットで販売されています。さまざまなカーブをきれいに描くのに重宝します。写真は一番小さいカーブの形。
③**分度器**…型紙を展開するときに、角度を測るのに使います。
④**マールサシ**…転がしてカーブの距離を測れる定規。紐で代用も可能。
⑤**裁断用ウエイト**…紙や布が動かないように押さえるための重し。定規とカッターで切るときにも役に立ちます。
⑥**コンパス（ディバイダー）**…型紙の展開で円形を描くときに使います。
⑦**カッター**…型紙や接着芯を切り出すときに使用。特に2枚重ねて左右対称の形を切り出すときや、鋭角に切り込みを入れるときなど、はさみよりも正確に切れます。
⑧**目打ち**…線を引いたり、点の印をつけたり、型紙作りに欠かせない道具。
⑨**筆記用具**…正確な製図のためには鉛筆よりもシャープペンシルがおすすめ。消えるチャコペンやボールペンは避けましょう。

①**5mm方眼紙**…A4やA3サイズのパッド状で売られています。製図に使います。
②**地券紙**…本の表紙や箱の台紙などに使われる再生紙。口金原型を作ったり、方眼紙に描いたものを写したりして型紙作りに使います。また、口芯として使うことも。
③**白ボール紙**…菓子箱やTシャツのパッケージ台紙なども型紙用紙として使えます。
④**接着芯（不織布タイプ）**…どんな布でも接着芯を貼ったほうが、あらゆる作業がしやすく口金にもはめやすくなります。薄手の不織布タイプで縦横の区別がなく伸縮性のないものが扱いやすい。おすすめは、日本バイリーンのシャープ芯（薄）。ただし、ギャザーを入れるデザインのとき、ごく薄手の柔らかい布に貼るときなど、もっと薄くてしなやかな接着芯のほうが適している場合もあります。

●口金をはめるときに使う道具

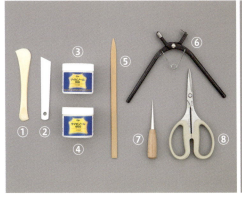 

①**ヘラ**…印つけはもちろん、折り目をつけるときにも使います。
②**のりベラ**…布を貼り合わせるなど、接着剤を薄くのばして塗る作業のときにあると便利。
③**サイビノール100**…袋布の縫い代の始末や、袋口の貼り合わせなど、布同士の接着に。
④**サイビノール600**…袋布と口金を接着するときに使います。100よりも粘度が高く、強力。
⑤**竹ベラ**…口金の溝に接着剤を塗る用具。竹串でもOK。
⑥**口金入れペンチ式**…自分の親指の爪の代わりに、口金に紙紐を楽に入れられる道具。
⑦**目打ち**…型紙を作るときに印を写す、縫い返した角をきれいに出す、袋布を口金に差し込むなど、あらゆる場面で使います。
⑧**クラフトはさみ**…紙の粗裁ちや、紙紐の切り分けに使います。
⑨**がまぐち差し込み器具**⑩**がまぐち専用ヘラ**…口金に袋布と紙紐を差し込みやすくする便利なお助けグッズ。⑥と同じ役割だけど手軽。

用具提供／袖丸み形（クロバー）、マールサシ（KAWAGUCHI）、サイビノール（クラフト社）、のりベラ・竹ベラ・口金入れ（角田商店）、がまぐち差し込み器具・がまぐち専用ヘラ（タカギ繊維）

がまぐちの作り方

基本の形のがまぐちを実際に作って、製図から完成までの流れをマスターしましょう。

●デザインの考え方

まずは、作りたい形を考えて、正面図や横図、天図、具体的にイメージしているパーツなどを実寸大で描いてみるのがおすすめです。

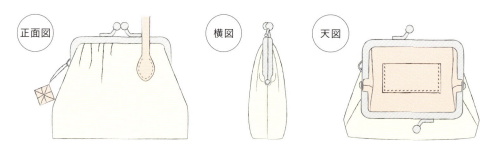

ポーチとして使う？　それとも持ち手をつけてバッグにする？
フラットな形？　ボリュームのある形？
つまみ底まち？　それともギャザーやタックを入れる？
胴に切り替えを入れる？　ポケットは？
口金に根付カンがついているなら何をぶら下げる？

以上のようなディテールについて、スケッチをしてみます。
使う素材が決まっているなら色を塗ってみてもいいでしょう。

●型紙作りの流れ

〔 口金原型を作る 〕　→　〔 製図を描く 〕　→　〔 型紙を作る 〕

口金を写して原型を作ります。　口金原型を使って、製図をします。　製図から型紙を作ります。

口金原型とは

口金のフレームの輪郭を、地券紙などの厚紙に写したもの。がまぐちの型紙は口金から起こすので、原型を作っておけば同じ口金でさまざまな形のがまぐちを作ることができます。右上の切り込みは、「折れまち」など製図を展開するときの支点になるところです。

★ 切り込み位置

〔 切り込みについて 〕

口金と袋口の総距離が一致していないとはめられなくなりますが、生地の厚さや縫うときの手加減で、袋口の仕上がりサイズには多少の誤差が出るものです。口金に隠れた切り込み部分は、そのときどきで開いたり閉じたりして誤差分を微調整し、口金に合わせてくれる役目も果たしています。

【 口金原型の作り方 】 約7.6×3.8cm（F18/角田商店）の口金を使用

1. 口金のサイズを測る

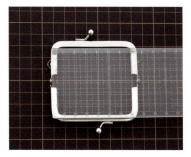
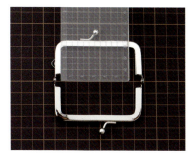

開いた口金に定規を当てて、幅と高さの正確な寸法を測ります。幅はフレームの端から端まで、高さはリベットの中心からフレームの最も高いところまで。

2. 口金の中心線を引く

①口金の寸法よりも一回り大きな紙（地券紙などの厚紙）を用意します。紙は下を正確な直線にカットしたものを用意しましょう。

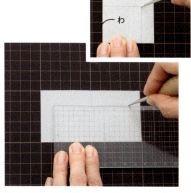
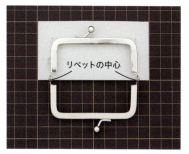

②紙の幅の中心に、下線に垂直な線を引きます。二つ折りしやすいように目打ちを寝かせてなぞります。

③1で測った寸法の角に垂直に立てた目打ちで印をつけ、印をつないで長方形を描きます。紙を二つ折りにして、角の位置がずれていないか目打ちを当てて確認します。

④③で描いた長方形に口金を重ねて置きます。紙の下線がリベットの中心を通るように置きます。

3. 口金の外ラインを写す

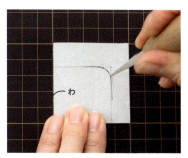

①口金が動かないようにしっかりと押さえて、外側のラインをシャープペンシルで紙に写します。

②口金の外ラインを写したところ。

③中心で折り、目打ちを垂直に刺して左右対称に写せているか確認します。

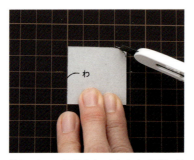

④目打ちの穴が、反対側のライン上に開いていればOK。ずれているときは修正します。

⑤カッターで輪郭をカットします。直線には定規を当てて、カーブは左右対称になるように二つ折りにして2枚一緒にカットします。

⑥外ラインでカットできました。

4. 口金にはめて確認する

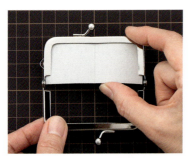

口金の溝にきれいに収まるか確認。下線はリベットの中心を通っているか、無理なくまっすぐ入っているかをチェックします。

一度でぴったり合わせようとせず、少しずつ調整ましょう

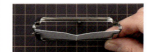

口金に折れ曲がって入っている
→ 幅が広いので少し両脇をカットしましょう。

寸法は合っているのに、リベットの中心よりも飛び出してしまう
→ 角のカーブがとがっているので口金に合わせて少し削りましょう。

5. 内ラインを写す

原型を口金にはめた状態で、内ラインを写します。

6. 支点を決める

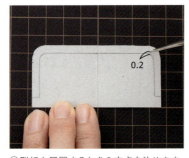

①型紙を展開するときの支点を決めます。角型口金の場合は直線が終わってカーブにさしかかる手前の、口金の内側ラインから0.2cmほど上の位置に。

②支点に切り込みを入れます。角度は60〜80°くらい。ここから「折れまち」の折り山のラインができます。

丸型・くし型口金の場合

丸型やくし型の口金も同様にして原型を作ります。支点の位置は口金のカーブにもよるので、迷ったら「折れまち」の線を描いてみましょう。

●基本のつまみ底まちのがまぐちを作ってみましょう

P.9〜10で作った原型を使って、がまぐちを仕立てましょう。

深さ：7.5cm
底幅：10cm
まち幅：2cm

材料

表布：15×20cm
裏布：15×20cm
接着芯（不織布タイプ）：30×20cm

でき上がりサイズ

底幅10×深さ7.5×まち幅2cm
（げんこは含まず）

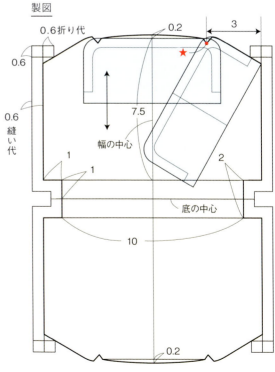

製図

数字の単位はcm

袋口の中心を0.2cm膨らませる意味

このがまぐちは直線的な形ですが、胴の部分は横から見ると少し膨らんでいます。袋口の長辺が直線のままだと、その膨らみ分が足りなくなるため口金の下あたりが凹んで痩せて見えてしまう場合があります。それを防ぐために、袋口の中央部分を少し膨らませています。素材や大きさにもよるので、0.2cmという数字は絶対ではありません。また、例えばギンガムチェックなど柄を生かす場合、あえて、この0.2cmはつけずに直線のまま裁つこともあります。

この口金の場合、中心線から★までの距離が3cmで、口金の開き幅を3cmに決め（P.12-3）、底線に対して垂直に脇線を引くと底幅が10cm、まち幅が2cmでちょうどよくおさまるため、このシンプルな形で説明しています。
脇線が垂直な形の型紙は、同様の考え方で脇線を決めています。

〔 **原型を使って製図する** 〕

1. 中心線を引く

方眼紙の幅中心に、縦に線を引きます。

2. 口金原型を写す

原型と方眼紙の中心を合わせ、原型を写します。

3. 開きの幅を決めて、脇線を引く

①口金を開いて、どのくらいの開き具合にするか決めます。ここでは、120°くらいの角度の開きで、6cm幅にしました。

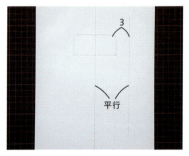

②肩の支点から、①の幅を半分にした寸法（3cm）分右の位置に、中心線と平行に線を引きます。

4. 原型の短辺の輪郭を引く

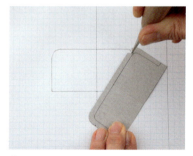

①方眼紙に原型を重ね、支点に目打ちを垂直に刺します。原型を反時計回りに回転させて、3-②の線に角が当たる位置でとめます。

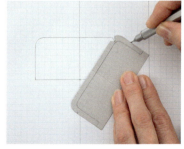

②原型をしっかり押さえて短辺を写します。

5. 底と底中心線を引く

①原型の中心上端から、好みの深さの位置（ここでは7.5cm）に底線を引きます。

②①で引いた底線から底まち幅（2cm）の半分の位置に底中心線を引きます。

6. まちを引く

底中心線から底幅（10cm）の半分のところに点をとり、そこから底まち幅の半分ずつ垂直に線を引きます。

7. 縫い代と折り代をつける

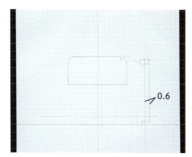

脇線と平行に縫い代線を引きます。縫い代幅は0.6cmに設定していますが、バッグなどの大きな作品やほつれやすい布の場合は0.8～1cmに。リベット部分には折り代をつけます。

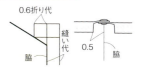

折り代のつけ方

袋口は裁ち切りですが、リベット脇の部分だけは布端が見えないように折り代をつけています。折り代の幅はリベット部分の隙間よりもほんの少し多めに。この口金はリベットの中心から0.5cmなので、折り代は0.6cmにしています。フラットタイプの場合には下方向に抜けやすいので、口金に入る部分を多めにしています（p.22～）。

8. 袋口を描く

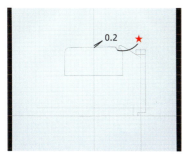

袋口の中心を0.2cm膨らませて支点（★）の切り込みまで袋口を描きます。

9. 反転して全体を描く

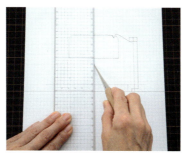
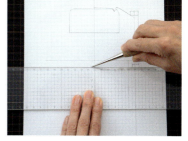

①正確に折るため、幅の中心と底の中心に定規を当て、目打ちを寝かせて線を引きます。

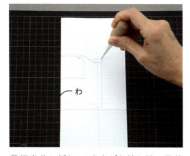

②縦半分に折り、でき上がり線と縫い代線に垂直に目打ちで突いて反対側に点をつけます。

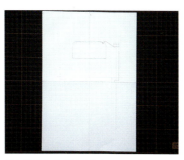

③左半分に点が写せたところ。同様にして、下半分にも写します。

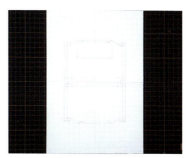

④写した点をつなげば、製図のでき上がりです。

[製図から型紙を作り、芯に写す]

1. 中心線を引く

①製図よりも一回り大きな長方形の紙（地券紙などの厚紙）を用意します。縦と横の半分の位置を正確に測り、垂直に交わるよう十字に、目打ちを寝かせて線を引きます。

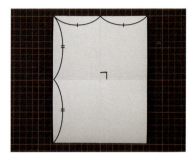

②線が引けたところ。これで折り目がつけやすくなります。ここに製図を1/4だけ写して、この線で折って対称に型紙を作ります。

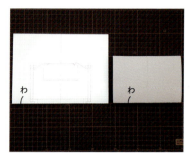

③製図と紙を半分に折ります。

2. 目打ちで印をつける

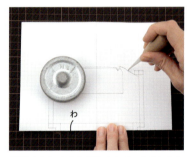

①紙の上に中心と折り山をきっちりと合わせて製図を重ね、ウェイトを乗せるなどして固定します。でき上がり線や縫い代線の上を垂直に目打ちで突いて、製図の右半分を紙に写します。

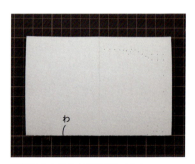

②製図の右半分を紙に写しました。

③そのまま、②の点の位置に垂直に目打ちで突いて、下半分に点をつけます。

④広げてみて足りないところがあったら、折り直して目打ちで突き、点を写します。

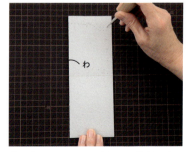

⑤縦半分に折って、同様にして左側にも写します。

3. 印をつなげる

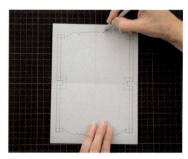

写した点をつなぎます。直線は定規を使って引きましょう。

4. 周りを切る

①輪郭をカットします。直線は垂直を確認しながら定規を当てて正確に。二つ折りにしたまま切ると、左右対称に切れます。

②袋口部分もカットします。鋭角の切り込みは深く入れすぎないように注意。

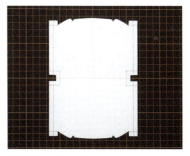

③型紙のでき上がり。

5. 接着芯（不織布タイプ）に写す

①型紙よりも一回り大きい接着芯を2枚用意します。接着面ではない側（糊のついていない面）にまず、中心線を十字に描き、それに合わせて型紙を重ね、シャープペンシルで輪郭線を写します。

②接着芯に型紙を重ね、中心線と輪郭線を合わせてでき上がり線を写したところ。裏布用にもう1枚写します。

③表布の裏に接着芯を重ねて貼ります。輪郭に沿って裁断すれば、準備完了です。裏布にも同様にして貼ります。

製図を直接写してもOK

何度も同じ形をくり返し作る場合は、厚紙で丈夫な型紙を作っておくのがおすすめですが、一度きりの場合は、製図の上に接着芯を重ねてそのまま写してもOK。布の裏にアイロンで貼ってから、輪郭をカットします。

〔 袋布を作って、口金をはめる 〕

1. 脇を縫う

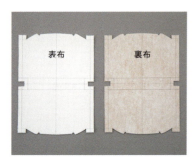

①表布と裏布を用意します。

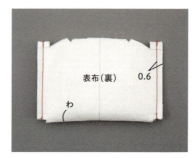

②表布を中表に合わせ、両脇を縫います。アイロンが使えるサイズなら、アイロンで縫い代を割ります。落ち着かないようなら、縫い代に接着剤を塗って貼ります。

2. 底まちを縫う

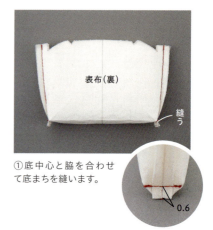

①底中心と脇を合わせて底まちを縫います。

3. 縫い代と折り代を貼る

②裏布も同様に脇と底まちを縫います。

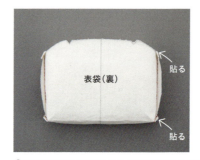

①袋口の脇の折り代を折り、接着剤で貼ります。底まちの縫い代も上側に倒して貼ります。裏袋も同様にします。

4. 表袋と裏袋を貼り合わせる

②表袋を表に返します。

表袋の袋口の裏側に、折り代分も含めて0.5cm幅で一周接着剤をつけ、表袋と裏袋を外表に合わせ、底までしっかりと重ね合わせます。脇の折り代同士を脇線の高さをそろえて貼り合わせてから、袋口全体の縁を押さえて貼り合わせます。裏袋が少しはみ出しても、折り代部分を持って左右に引っ張ればだいたい収まります。

16

5. 折れまちを折る

①切り込みから山折りの折り目をつけます。脇の半分よりもやや下の位置が目安ですが、これは仮の線で、口金をはめれば自然に修正できるので、この段階で神経質にならなくても大丈夫。

②袋口から①の折り目を半分にしたところで谷折りの折り目をつけます。

6. 紙紐を用意する

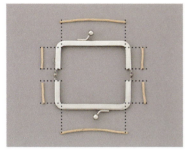

①紙紐を口金の内側の直線部分の長さに合わせてカットします。

②紙紐を開いてほぐし、再度巻き直して軽く撚りをかけます。ふんわりさせることで、口金の溝にフィットしやすく、接着剤も吸収しやすくなります。

③紙紐は巻き直すと少し長くなるので、角の部分で重ならず、直線部分で収まるように再度口金の長さに合わせてカットします。

7. 口金に袋を差し込む

④紙紐の用意ができました。

①口金の溝に接着剤を塗ります。接着剤は溝のてっぺん部分と内側の側面に塗ってのばします。

②袋の脇とリベットの中心を合わせて、布を溝の奥までしっかりと差し込みます。

③袋が外れないように、リベット脇に紙紐の端を押し込み固定します。ここでは紙紐はリベット側の端のみ入れて、口金の角側の端は入れずに残しておきます。

④同様に反対側の脇も袋を差し込み、紙紐で固定します。まずは、この4点のみ固定します。

⑤袋口の長い辺を口金に差し込みます。口金と袋の中心を合わせ、切り込みが左右対称になっているか確認しながら入れます。

⑥表側からも確認し、布端がはみ出していたら目打ちで整えます。口金に傷をつけないよう慎重に。

⑦口金の中心と紙紐の中心を合わせて押し込み、袋口の中心を固定します。両端は入れずに残しておきます。

⑧角は布端が溝の奥まで届かずに浅く収まりがちなので、裏側、表側から確認しながら、目打ちで布を持ち上げるようにしてしっかりと入れます。

⑨親指の爪でざっと紙紐全体を押し込んでおき、仕上げに口金入れで整えます。紙紐は奥まで押し込まず、口金の縁ぎりぎりのところでとめましょう。

⑩リベット脇の口金の端はつぶさなくても大丈夫。適量の接着剤と適切な太さの紙紐で口金がきちんとはめられていれば、はずれる心配はありません。

でき上がり

接着剤が乾くまでは袋がはずれやすいので、中にものを入れたりせずに、袋口を開けたまま乾かしましょう。

ちょっとだけサイズが違う口金の、型紙の補正方法

製造元が違うと、同じように見えて微妙にサイズが違う口金もあります。
本に載っている実物大型紙や、以前作った型紙を、そのまま使いたいこともありますよね。
でも修正箇所やデザインによって、部分的な修正で済む場合と、最初から作ったほうがいい場合があります。

●縦横比は同じで、角の丸みが違う場合

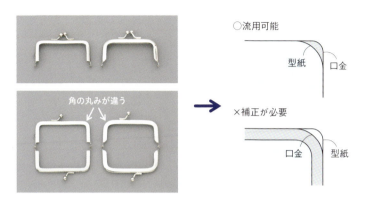

〔補正方法〕
角の丸みが大きめの口金に合わせて作った型紙を、丸みが小さめの口金に流用することはできます（ただし、誤差が口金のフレームの幅内に収まる場合）。逆に、丸みが小さめの口金に合わせて作った型紙を、丸みが大きめの口金に使うと、角がつかえてしまってきちんと入りません。この場合は、丸みを削って合わせましょう。

●リベット位置の幅は同じで高さが違う場合

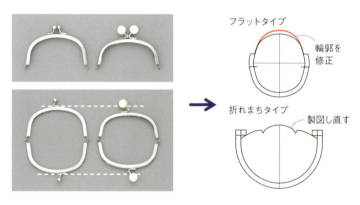

〔補正方法〕
作りたい袋の形がフラットタイプなら、口金型の上側の輪郭だけを修正し、下はそのまま流用してもOK。でも、折れまちタイプだと、口金に入る部分の距離が異なり全体の輪郭も違ってくるので、口金原型を作り直して最初から製図したほうがいいでしょう。

口金選びの注意ポイント

口金全体のサイズや溝の深さに対して、溝の幅が広すぎて開き気味なものは、袋布が抜けやすくなりがち。そういう口金で作るときは、厚手の布を使ったり太めの紙紐を入れたりして、隙間をしっかり埋めましょう。

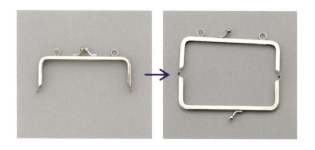

こんなふうにフレームが歪んでしまっているものは論外にしても、リベット部分の作りがラフでゆるかったり、変な音がするものは、開閉をくり返すうちに壊れてしまうこともあるので注意を。いい口金は、ぱちんといい音がします。

[step 2] 口金に合わせて型紙を作る

同じ口金でも、袋の形を変えればデザインは無限に広がります。
素材や使いみちに合わせた形を考え、自分で線を引いて型紙を作ってみましょう。

角型の口金

三辺は直線で両肩は小さなカーブになっている角型の口金。
中に入れるものが決まっていて専用ケースを作りたいとき
ぴったりサイズの口金を見つけるには角型が向いている場合が多いでしょう（p.5）。
上の写真は実物大で、約7.6×3.8cmの口金。
はじめての人にもおすすめの扱いやすいサイズで、長辺と短辺が2:1の比率になっています。
ここでは、上の口金を使ってデザインのバリエーションを紹介しますので、
比率やサイズが異なる口金でも応用してみてください。

まちのない形

| まちなしフラット
・底わ
p.22 | まちなしフラット
・底わ・角
p.22 | まちなしフラット
・底カーブ
p.23 | まちなしフラット
・底カーブ・深
p.23 |

2枚合わせの脇折れまち

| 脇折れまち
p.24 | 脇折れまち・浅
p.25 | 脇折れまち・底わ
p.25 |

ふっくらした形

| 底にダーツ
p.26 | ギャザー・1.5倍
p.26 | ギャザー・2倍
p.27 | タック
p.27 |

つまみ底まち

| つまみ底まち・浅
p.28 | つまみ底まち
・底幅とまち広め
p.29 | つまみ底まち・深
p.30 | つまみ底まち・深・スリム
p.31 |

切り替え

| 切り替えを入れる・横
p.32 | 切り替えを入れる・縦
p.32 |

たたむまち

| たたむまち・W型
p.33 | たたむまち・J型
p.33 |

別布でまちをつける

| 通しまち・カーブ
p.34 | 横まち・カーブ
p.35 | 通しまち・直角
p.36 | 横まち・直角
p.37 |

| 横まち・俵型
p.38 | 香箱形
p.39 |

変形タイプ

| 五角形
p.40 | 六角形
p.40 | ボックス型
p.41 |

＊p.22からの製図では①の前に「中心線を引いて、口金の原型を描く。」最後に「1/4を描いて、中心線で線対称に反対側を、底が「わ」のものは、底中心線で対称にさらに残りの半分を描く。」という工程を省略してあります。
＊p.24からの製図では袋口の中心を0.2cmふくらませています。
＊使用した口金：約7.6×3.8cm（F18/角田商店）

角型の口金　まちのない形　脇折れまち　ふっくらした形　つまみ底まち　切り替え　たたむまち　別布でまちをつける　変形タイプ

まちのない形

まちのない薄型のデザイン。はじめて作る人にもおすすめ。

〔 まちなしフラット・底わ 〕

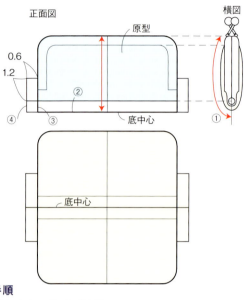

簡単だけど使いみちは豊富

でき上がりサイズは口金とほぼ同寸。印鑑、扇子、はし、ペンケースなど細長いものを入れるのに向く形(p.5)。縫わずに貼り合わせるだけでできる。

製図の手順

①横図を描き、矢印の間の距離を測る。
②正面図に①をとって、底中心線を引く。
③原型の脇線を②までのばす。
④両脇に折り代をつける。

〔 まちなしフラット・底わ・角 〕

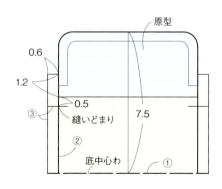

底をわにした単純な袋

口金の幅をまっすぐ下にのばして袋を作った形。底はわなので、縫うのは両脇だけ。柄に上下の方向がある生地には不向きなので注意。

製図の手順

①好みの深さ(ここでは、口金幅と同じ7.5cm)の位置に底中心線を引く。
②原型の脇線を①までのばす。
③両脇に縫い代をつけ、リベットの中心から0.5cm下に縫いどまり位置の印をつける。

〔まちなしフラット・底カーブ〕

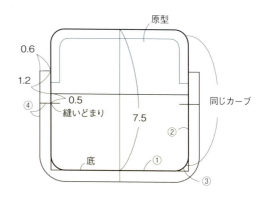

口金の両肩と同じカーブを底に
P.22の「まちなしフラット・底わ・角」と同サイズで、底にカーブをつけた袋布を2枚縫い合わせた形。カーブの型紙を左右対称に作るのがきれいに仕上げるポイント。

製図の手順
①好みの深さ（ここでは、口金幅と同じ7.5cm）の位置に底線を引く。
②原型の脇線を①までのばす。
③底の角に口金のカーブを写す。カーブは好みの形でOK。
④3辺に縫い代をつけ、リベットの中心から0.5cm下に縫いどまり位置の印をつける。

〔まちなしフラット・底カーブ・深〕

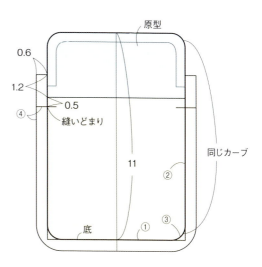

入れるものに合わせた深さで
上の「まちなしフラット・底カーブ」の型紙をまっすぐのばした形。あまり厚みのない細長いものを、縦に入れたいときに。

製図の手順
①好みの深さ（ここでは、カードが入るように11cm）の位置に底線を引く。
②原型の脇線を①までのばす。
③底の角に口金のカーブを写す。カーブは好みの形でOK。
④3辺に縫い代をつけ、リベットの中心から0.5cm下に縫いどまり位置の印をつける。

2枚合わせの脇折れまち

2枚を縫い合わせた胴の、袋口の脇が折れてまちができるデザイン。

〔 脇折れまち 〕

コインケースなどにポピュラーな形

脇の折り山の線からリベットにかけての、内側に入る三角の部分が胴の正面からつながったまちになる。フラットタイプをマスターしたあとの、口金をはめる練習におすすめ。

～縫い方のポイント～

底のカーブの部分の縫い代は0.5cm間隔で切り込みを入れ、割って貼ると、表袋と裏袋をきれいに重ねられる。

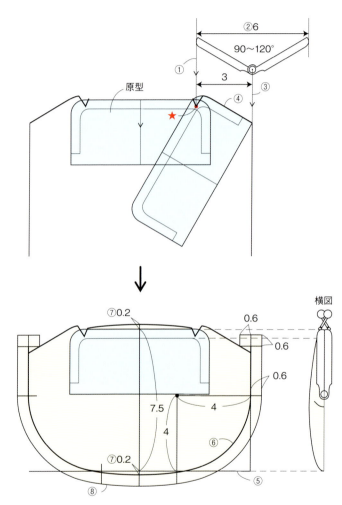

製図の手順

折れまちの描き方
①原型の肩の支点（★）を通る線を、中心線と平行に引く。
②口金を開いて（90～120°くらいが妥当）横から見たときの幅を測る。
③②の1/2の距離（ここでは3cm）を★からとり、①の平行線を引く。これが脇線になる。
④★を支点にして、原型を反時計回りに回転させ、③の線とぶつかったところで原型の短辺の輪郭を写す。
⑤好みの深さ（ここでは、口金幅と同じ7.5cm）で底線を引く。
⑥底に好みのカーブ（ここでは、半径4cmの円弧）を描き、③の脇線とつなぐ。
⑦底線の中央部分と、口の中央部分を0.2cmほど膨らませる（p.11）。
⑧周りに縫い代をつけ、両脇に折り代をつける。

〔 脇折れまち・浅 〕

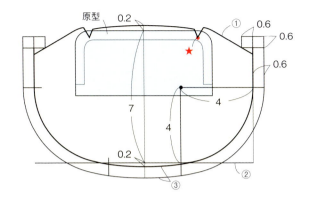

浅めの袋でコンパクトに
p.24と袋口周りも底のカーブも同じで、0.5cm浅くした形。小さいサイズの口金ほど、数mmの違いで使い勝手に差が出る。和装のとき、帯に挟む小銭入れなら、このくらいがバランスいいはず。

製図の手順
①p.24①～④「折れまちの描き方」と同様に描く。
②好みの深さ（ここでは7cm）で底線を引く。
③p.24⑥～⑧と同様に描く。

〔 脇折れまち・底わ 〕

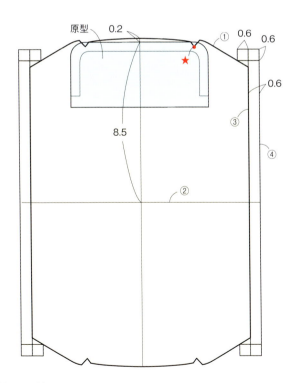

縫うところは両脇だけ
p.11と同じ型紙で、底まちをつけない形。縫うところは両脇の直線部分だけなので、縫い代の始末も簡単。底幅や深さは口金とのバランスを見ながらお好みで調整を。柄に上下の向きがある布を使う場合は、底ではぎ合わせて。

製図の手順
①p.24①～④「折れまちの描き方」と同様に描く。
②好みの深さ（ここでは8.5cmで、これはp.11の底まちをなくした形）で底線を引く。
③脇線を②までのばす。
④両脇に縫い代と折り代をつける。

25

ふっくらした形

底にダーツを入れたり、袋口にギャザーやタックを入れて立体的にするデザイン。

〔 底にダーツ 〕

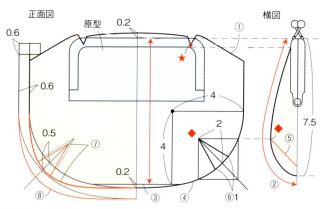

ダーツで底側にボリュームを
脇に折れまちをつけた基本形にプラスして、底にダーツをつまみ、膨らませたデザイン。ダーツの長さや深さは、全体のバランスを考えて。

製図の手順
① p.24①〜④「折れまちの描き方」と同様に描く。
② 横図を描き、矢印の間の距離を測る。
③ 正面図に②をとって、底線を引く。
④ 底に好みのカーブ（ここでは半径4cmの円弧）を描き、脇線とつなぐ。
⑤ ダーツどまりの位置を決め、ダーツの長さを測る（ここでは2cm）。
⑥ ダーツ分量を決め（ここでは1cm）、ダーツどまりとつなぐ。
⑦ ダーツをつまんだ状態で底のカーブを描き直す。底のカーブの中央部分を膨らませ（ここでは0.5cm）、ダーツの長さを変えずにダーツどまりの位置を移動する。
⑧ 周りに縫い代をつけ、両脇に折り代をつける。

〔 ギャザー・1.5倍 〕

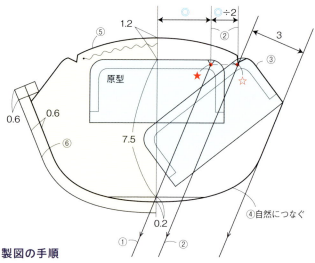

ギャザーで口側にボリュームを
袋口に1.5倍幅のギャザーを寄せて、膨らませた形。膨らんで前後にせり出す分、深さが足りなくなるので、それを上に足す。ギャザーを寄せるデザインは、薄手の生地のほうが適している。

製図の手順
① 好みの深さ（ここでは7.5cm）で底線を引き、原型の肩の支点（★）と底中心を通る斜めの線を引く。
② ★を中心線から1.5倍の位置に水平方向に移動して☆とし、これを通る①の平行線を引く。
③ p.24の①〜④「折れまちの描き方」と同様に描く。
④ 底中央を膨らませて、③の脇線と自然につなぐ。
⑤ 口側は、ギャザーで膨らむ分を上にのばして、☆までをなだらかにつなぐ。
⑥ 周りに縫い代をつけ、両脇に折り代をつける。

〔 ギャザー・2倍 〕

ギャザーの分量を増やすと…
袋口に2倍幅のギャザーを寄せて、膨らませた形。
p.26の「1.5倍」よりボリュームが出る。ただし、ギャザーの分量が多すぎると、口金をはめるのが大変になるのでほどほどに。

製図の手順
①好みの深さ（ここでは7.5cm）で底線を引き、原型の肩の支点（★）と底中心を通る斜めの線を引く。
②★を中心線から2倍の位置に水平方向に移動して☆とし、これを通る①の平行線を引く。
③「ギャザー・1.5倍」の③〜⑤を参照して描く。
④周りに縫い代をつけ、両脇に折り代をつける。

〔 タック 〕

タックに変えると端正な印象に
上の「ギャザー・2倍」と同じ型紙で、ギャザーではなく均等にタックをたたむデザインにアレンジ。素材の柔らかさや柄によって使い分けを。

製図の手順
①「ギャザー・2倍」を参照して同様の輪郭を描く。
②袋口に◯（ここでは3cm）を3等分した寸法でタックの印をつける。

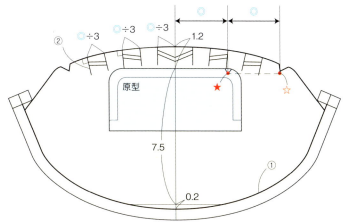

つまみ底まち

底の両脇をつまんで縫い、まちを作った形。縫う部分は全部直線。

〔 つまみ底まち・浅 〕

中のものを取り出しやすい浅めタイプ
p.11の基本のつまみ底まちと、底幅やまち幅は同じで、1.5cm浅くしたもの。口金幅に対する底幅、深さ、底まち幅のバランスを考えてサイズ決めを。

製図の手順
①P.24①〜④「折れまちの描き方」と同様に描く。
②好みの深さ(ここでは6cm)の位置に底線を引く。
③①の脇線を②までのばす。
④あとは、P.12-5②以降を参照して描く。

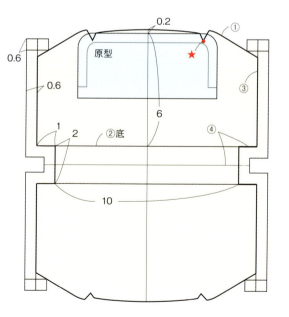

〔つまみ底まち・底幅とまち広め〕

底まち幅を広げた形
p.28と、底幅と深さは同じで、底まち幅を倍に広げたもの。脇線と底まち線を垂直に交わらせるため、脇線が斜めになる。

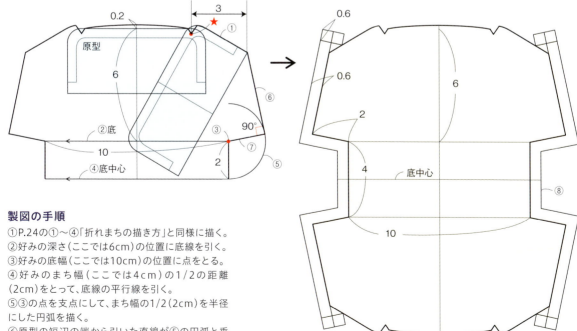

製図の手順
①P.24の①〜④「折れまちの描き方」と同様に描く。
②好みの深さ(ここでは6cm)の位置に底線を引く。
③好みの底幅(ここでは10cm)の位置に点をとる。
④好みのまち幅(ここでは4cm)の1/2の距離(2cm)をとって、底線の平行線を引く。
⑤③の点を支点にして、まち幅の1/2(2cm)を半径にした円弧を描く。
⑥原型の短辺の端から引いた直線が⑤の円弧と垂直に交わる点を見つけて結ぶ。これが脇線になる。
⑦③と⑥の点を結び、底まち線を引く。
⑧周りに縫い代をつけ、両脇に折り代をつける。

〔 つまみ底まち・深 〕

まっすぐ伸ばした形
p.11やp.28の型紙を、底幅や底まち幅は同じで、まっすぐ下に伸ばした形。袋の容量に対して、おちょぼ口気味な印象になる。縦に入れる眼鏡ケースなどに。

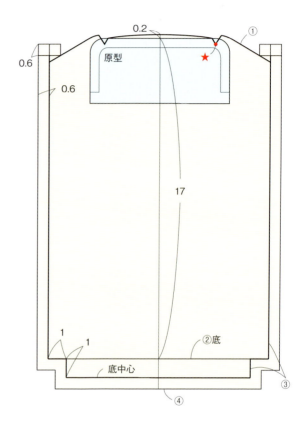

製図の手順
①p.24の①〜④「折れまちの描き方」と同様に描く。
②好みの深さ（ここでは17cm）の位置に底線を引く。
③あとは、p.12-5②以降を参照して描く。
④底ではぐ場合は縫い代をつける（底わで裁つ場合は不要）。

〔 つまみ底まち・深・スリム 〕

スリムにアレンジ
p.30の型紙を、深さは同じで底幅をスリムに。底がコンパクトになっても、口金の短辺の長さは変わらないので型紙は、脇線が口に向かって広がる形になる。

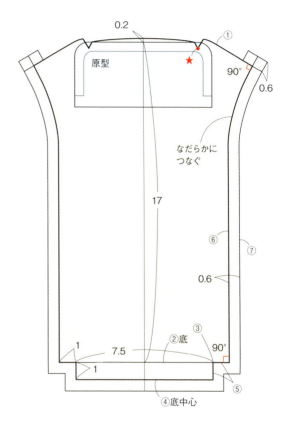

製図の手順
①P.24の①〜④「折れまちの描き方」と同様に描く。
②好みの深さ（ここでは17cm）の位置に底線を引く。
③好みの底幅（ここでは7.5cm）の位置に点をとる。
④好みのまち幅（ここでは2cm）の1/2の距離（1cm）をとって、底線の平行線を引く。
⑤③から④に垂線を引く。②をのばしてまち幅の1/2（1cm）の点をとる。
⑥脇線は、⑤の点から上に垂線を引き、①で引いた原型の短辺の端を通る垂線となだらかにつなぐ。
⑦脇と底に縫い代をつけ、折り代をつける。

切り替え

上下あるいは左右に分かれる切り替えの入ったデザイン。

〔 切り替えを入れる・横 〕

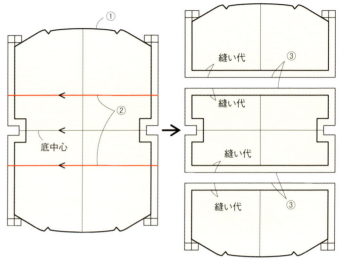

布を変えてアクセントに
切り替えを入れれば、布の組み合わせも楽しめる。大きめのバッグを作る際、底を丈夫にしたいときにも使える方法。

製図の手順
①p.12を参照して、基本のつまみ底まちの型紙を作る。
②切り替えを入れたい位置で、底中心線に平行に線を引く。
③②の線で切り開き、それぞれに縫い代をつける。

〔 切り替えを入れる・縦 〕

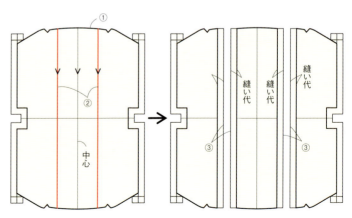

縫い代は割ってすっきりと
縦方向に切り替えやはぎ目を入れる場合には、部分的に厚みが出ると口金に入れにくくなるので、縫い代は割ってすっきりと。

製図の手順
①p.12を参照して、基本のつまみ底まちの型紙を作る。
②切り替えを入れたい位置で、中心線に平行に線を引く。
③②の線で切り開き、それぞれに縫い代をつける。

たたむまち

底をたたんで作るまちのデザイン2種類。どちらかというと1枚仕立て向き。

〔 たたむまち・W型 〕

両脇の底に三角形ができる
まちの角を切らずにたたんで作るまち。脇側から見ると、底に三角形の出っ張りができるのが特徴。裏袋をつける場合は、基本のつまみ底まち(p.11)の型紙で。

〔 たたむまち・J型 〕

ぺたんこにたためる
底側から見ると、両脇に三角形の凹みができる。潰せば平らにたたむこともできるが、その特性を生かすには、裏袋をつけない1枚仕立てがおすすめ。

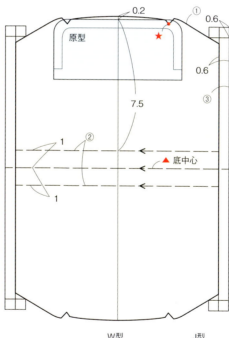

製図の手順
①p.25を参照して「脇折れまち・底わ」の型紙を作る。
②底中心線と平行に、好みのまち幅で線を引く。
③脇に縫い代をつけ、折り代をつける。
同じ型紙で、たたみ方を変えればW型とJ型に使い分けられる。

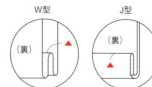

別布でまちをつける

脇、底、胴に切り替えを入れてまちをつけるデザイン。

〔 通しまち・カーブ 〕

製図のポイント

胴とまちを縫い合わせる形は、縫い合わせる部分の距離が合うよう測り、カーブの部分にはわずかに緩みを入れたりといった手加減も加えつつ、一発で決めようとせずに、細かく修正しながら描く。
あらかじめデザイン画(正面図と横図)を描いて、大まかなサイズを出しておき、描きながら微調整する。カーブの距離を測るには、糸や紐、マールサシ(P.7)などを使う。

底が平らで安定感のある形

両脇のまちと底を続けて裁ったものと、前後の胴を縫い合わせた形。胴の底は緩めのカーブに。口金の短辺の長さに対して、まち幅は広くないので、まちは口に向かって広がる形になる。

製図の手順

①まず、胴から描く。好みの深さ(ここでは7cm)の位置に底線を引く。
②好みの底幅(ここでは10cm)の位置に点をとる。
③底に好みのカーブ(ここでは半径2cmの円弧)を描き、合印(●、◆)をつける。
④★から③の●までをなだらかにつなぐ。
⑤次に、まちを描く。胴の★に重ねて、p.24の①〜④と同様に原型の短辺を描く。
⑥まちの中心線をのばし、その左右に好みのまち幅(ここでは3cm)をとり、仮の長さで平行線を引いておく。
⑦まちの★から、⑥のまち幅の線までを、任意のカーブでなだらかにつなぐ。
⑧胴の★から底中心(▲)までの距離を測り、⑦の線上に合印をつけながら写す。胴のカーブと縫い合わせる●と◆の間には、まち側に0.2cmプラスする。
⑨まちの中心線で対称に反対側も描き、左右の▲をつないで、まちの底中心の線を引く。
⑩胴も対称に反対側を描いて縫い代をつけ、まちに縫い代と折り代をつける。

〜縫い方のポイント〜

胴の底のカーブと合わせる部分(●〜▲)の、通しまちの縫い代に切り込みを入れ、合印を合わせて、まち側を上にして縫う。

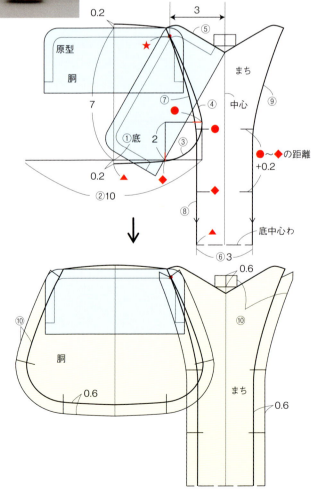

〔 横まち・カーブ 〕

底は丸みのある形
前後の胴と底を続けて裁ったものと、両脇のまちを縫い合わせた形。まちの底は大きなカーブでふっくらした手に馴染むデザインなので、クラッチバッグにも向いている。

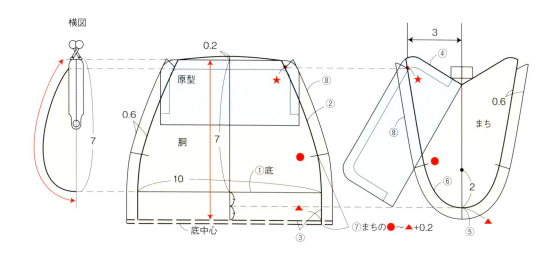

製図の手順
①まず胴から描く。好みの深さ(ここでは7cm)の位置に底線を引く。
②好みの底幅(ここでは10cm)の位置に点をとり、★から脇線を引く。カーブは任意で。
③横図を描いて矢印の距離を測り、胴にその距離を写して脇線を延長し、底中心線を引く。
④次に、まちを描く。p.24の①〜④「折れまちの描き方」と同様に原型の短辺を描く。
⑤まちの中心線をのばし、おおよその目安として、底中心を、胴の最初の底線と引き直した底中心線の中間にとる。
⑥底に好みのカーブ(ここでは、半径2cmの円弧)を描いて、合印(●)をつけながら、まちの★となだらかに結ぶ。
⑦胴の★から底中心(▲)までの脇線の距離を測り、まちの輪郭と距離が合うように修正する。まちのカーブと縫い合わせる●と▲の間には、胴側に0.2cmプラスする。
⑧胴に縫い代をつけ、まちに縫い代と折り代をつける。

〜縫い方のポイント〜
まちの底のカーブと合わせる部分(●〜▲)の胴の縫い代に切り込みを入れ、合印を合わせて、胴側を上にして縫う。

〔通しまち・直角〕

前後の胴2枚+脇と底がつながったまち1枚
両脇のまちと底を続けて裁ったものと、前後の胴を縫い合わせた形。まちから底にかけては等幅で、胴の底は直角。

製図の手順
①胴は、好みの深さ（ここでは7cm）の位置に底線を引く。
②次に、まちを描く。胴の★に重ねて、p.24の①〜④「折れまちの描き方」と同様に原型の短辺を描く。
③胴の★から底の角（●）を通って底中心（▲）までの距離を測り、まちの★からとって脇線を引く。
④▲をつないで、まちの底中心線を引く。
⑤胴に縫い代、まちに縫い代と折り代をつける。

〜縫い方のポイント〜
胴の底の角と合わせる部分（●）のまちの縫い代に切り込みを入れ、合印を合わせて、まち側を上にして縫う。

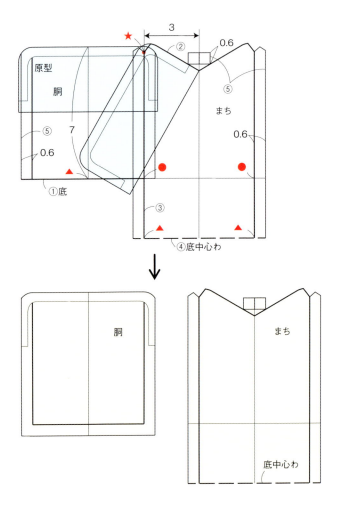

36

〔横まち・直角〕

底とつながった前後胴1枚＋脇まち2枚

前後の胴と底を続けて裁ったものと、両脇のまちを縫い合わせた形。胴から底にかけては等幅で、まちの底は直角。

製図の手順
①胴は、好みの深さ（ここでは7.5cm）の位置に底線を引く。
②次に、まちを描く。胴の★に重ねて、p.24の①〜④「折れまちの描き方」と同様に原型の短辺を描く。
③胴の底線をのばして、まちの底線を引く。
④まちの★から底の角（●）を通って底中心（▲）までの距離を測り、胴の★からとって脇線を引く。
⑤▲をつないで、胴の底中心線を引く。
⑥胴に縫い代をつけ、まちに縫い代と折り代をつける。

〜縫い方のポイント〜

まちの底の角と合わせる部分（●）の胴の縫い代に切り込みを入れ、合印を合わせて、胴側を上にして縫う。

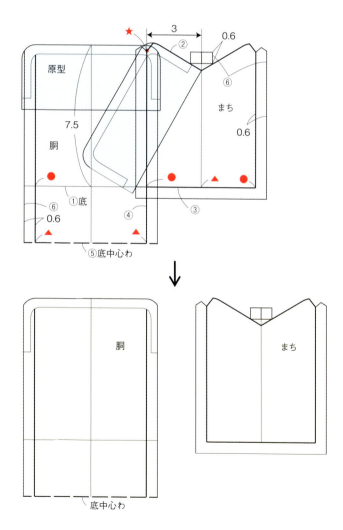

〔 横まち・俵形 〕

ころんと丸い横姿
胴と底を続けた部分は、P.37の「横まち・直角」と
まったく同じ。脇まちを丸い形に変えるとこんな俵
型になる。これはやや扁平で下膨れなフォルムだが、
まちの幅と深さのバランス次第でアレンジも可能。

製図の手順
①胴は、好みの深さ（ここでは7.5cm）に口金
の開きの1/2（ここでは3cm）を足した位置
に底線を引く。
②次にまちを描く。胴の★に重ねて、P.24の
①～④「折れまちの描き方」と同様に原型の
短辺を描く。
③まちは、好みの深さ（ここでは6cm）の位置
に底の点▲をとり、★とつないで輪郭のカー
ブを任意で描く。
④胴の★から▲までの距離を測り、まちの★
から▲までの線上に合印（◆、●）をつけなが
ら③の輪郭を調整する。まちのほうが少し短
くなるように、◆～●の間で、まち側を
0.2cmマイナスする。
⑤胴に縫い代をつけ、まちに縫い代と折り代
をつける。

～縫い方のポイント～
まちは全体がほぼカーブなので、胴の縫い代
全体に切り込みを入れ、合印を合わせて、胴
側を上にして縫う。

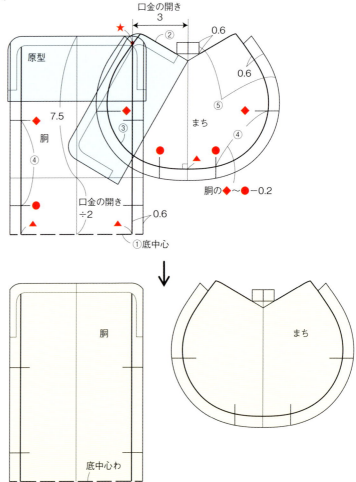

〔香箱形〕

底が特徴のデザイン

前後の胴と両脇のまちを別に裁ち、4枚が底中心で交わるデザイン。がばっと口が開く独特の形になる。生地のはぎ合わせ方も楽しみたい。

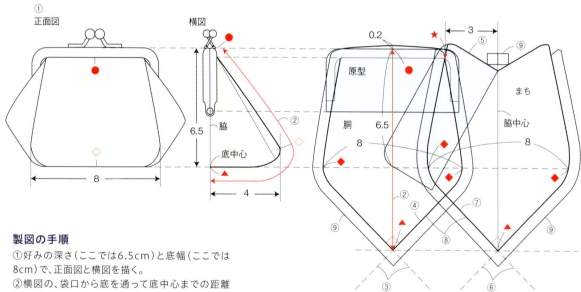

製図の手順

①好みの深さ(ここでは6.5cm)と底幅(ここでは8cm)で、正面図と横図を描く。
②横図の、袋口から底を通って底中心までの距離(●〜◇〜▲)を測り、胴の底中心▲をとる。
③底中心の▲を交点とした垂線を引く。
④胴の★から、底幅の点(◆)を通って▲まで、脇線をなだらかにつなぐ。
⑤次に、まちを描く。胴の★に重ねて、p.24の①〜④「折れまちの描き方」と同様に原型の短辺を描く。
⑥脇中心線をのばしてまちの底中心の点▲をとり、▲を交点とした垂線を引く。
⑦まちの★から、底幅の点(◆)を通って▲まで、脇線をなだらかにつなぐ。
⑧胴の★〜◆〜▲と、まちの★〜◆〜▲の距離が合うように調整する。
⑨胴に縫い代をつけ、まちに縫い代と折り代をつける。

変形タイプ

口金の幅を一辺に利用した多角形など、胴の形を変形させたデザイン。

〔 五角形 〕

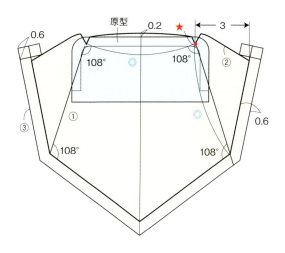

カンつき口金でバッグにも

口金幅を一辺にした正五角形に、脇折れまち（p.24）の要領でまちをつけた形。底中心の頂点にタッセルをつけて、小ぶりのパーティーバッグにするのもおすすめ。

製図の手順

①中心線で対称に★を左側にも写し、その2点間の距離を一辺とする正五角形を描く。
②p.24の①〜⑤「折れまちの描き方」と同様に原型の短辺を描き、①の正五角形の頂点と結ぶ線を引く。
③胴に縫い代をつけ、まちに縫い代と折り代をつける。

〔 六角形 〕

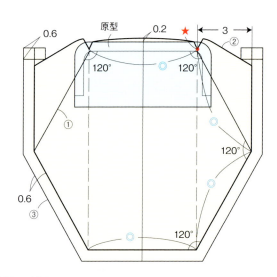

意外と大きくでき上がる

こちらは、口金幅を一辺にした正六角形。角の数が偶数だと安定する形に。ほかにもまだいろいろできるかも？ 遊び心でアレンジを楽しんで。

製図の手順

①中心線で対称に★を左側にも写し、その2点間の距離を一辺とする正六角形を描く。
②p.24の①〜⑤「折れまちの描き方」と同様に原型の短辺を描き、①の正六角形の頂点と結ぶ線を引く。
③胴に縫い代をつけ、まちに縫い代と折り代をつける。

〔 ボックス型 〕

厚めの生地で、かちっと作りたい

直方体の箱の蓋に口金をつけたようなデザインは、コスメポーチやツールケースなどに最適。口金の重みが上部に加わるので、薄い生地だと負けて潰れてしまう。張りのあるしっかりした生地が適している。

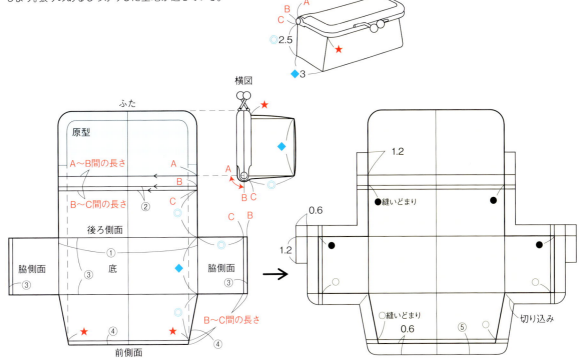

製図の手順

① 口金幅をまっすぐ下にのばす。
② リベット周りのゆとり分としてA〜B、B〜Cをとって平行線を引く。
③ 深さ（◎＝ここでは2.5cm）、奥行（◆＝ここでは3cm）を測って平行線を引き、後ろ側面、底、両脇側面を描く。
④ 前側面は、口金の内側の延長線上をのばしたところ（★）と斜めに結ぶ。
⑤ 周りに縫い代、折り代をつける。

〜縫い方のポイント〜

縫いすぎると口金にはめられなくなってしまうので、前側面と後ろ側面の縫いどまり位置に注意。底の縫い代の角には切り込みを入れ、縫い代は割る。

[step 2] 口金に合わせて型紙を作る

丸型の口金

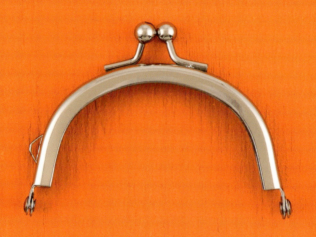

がまぐちらしいフォルムで人気が高い丸型の口金。
角型の口金に比べると、ぐっと柔らかい印象になります。
ただ、角型に比べて、ずれたり歪んだりしやすいので
型紙を作るときも、口金をはめるときも、中心の印をきちんと合わせることが大切。
上の写真は実物大で、約6.9×4cmの口金。
手のひらにちょうどよく収まるサイズです。
慣れてきたら、もっと大きな口金でもいろいろなデザインを試してみましょう。

まちのない形

まちなしフラット・底わ
p.44

まちなしフラット・底わ・深
p.44

まちなしフラット・底カーブ
p.45

まちなしフラット・底カーブ・深
p.45

2枚合わせの脇折れまち

脇折れまち
p.46

ふっくらした形

底にダーツ
p.47

ギャザー
p.47

つまみ底まち

つまみ底まち
p.48

つまみ底まち
・底幅とまち広め
p.49

つまみ底まち・深
p.49

別布でまちをつける

通しまち
p.50

横まち
p.51

丸底・スリム
p.52

丸底・折れまち
p.52

変形タイプ

円形ギャザー
p.53

＊使用した口金：約6.9×4cm（F4/角田商店）

丸型の口金

まちのない形　脇折れまち　ふっくらした形　つまみ底まち　別布でまちをつける　変形タイプ

まちのない形

まちのない、薄型のデザイン。

〔 まちなしフラット・底わ 〕

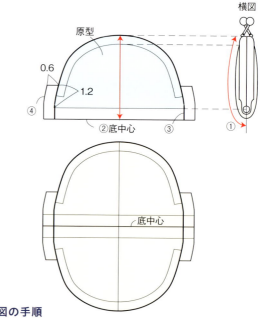

全開するので中身が一目瞭然

でき上がりサイズは口金とほぼ同寸。縫わずに貼り合わせるだけで作ることができる。ただし、P.22の角型タイプの「まちなしフラット」と違って、口金幅のものがぴったり入るとは限らないので注意。

製図の手順
①横図を描き、矢印の間の距離を測る。
②正面図に①をとって、底中心線を引く。
③原型の脇線を②までのばす。
④両脇に折り代をつける。

〔 まちなしフラット・底わ・深 〕

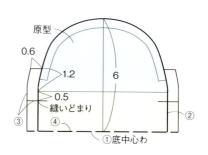

底はわで、かまぼこ形に

口金の幅をまっすぐ下にのばして袋を作った形。底はわなので、縫うのは両脇だけ。もちろん深さはご自由に。ただし、隅っこに入ると取りにくくなるので、粒々した細かいものを入れるのには不向き。

製図の手順
①好みの深さ（ここでは、口金幅と同じ6cm）の位置に底中心線を引く。
②原型の脇線を①までのばす。
③両脇に縫い代をつけ、縫いどまり位置の印をつける。

〔 まちなしフラット・底カーブ 〕

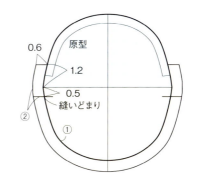

手に馴染む丸い形
口金型の輪郭を用いて底側の線を引き、円に近い楕円形に。底が丸い形は、細かいものでも取り出しやすいのでコインケースなどに向いている。

製図の手順
①反転させた原型の輪郭を写す。
②周りに縫い代をつけ、縫いどまり位置の印をつける。

〔 まちなしフラット底カーブ・深 〕

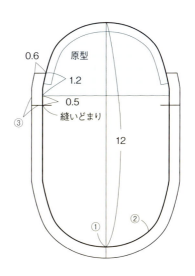

薄くて細長いものを入れるのに
上の「まちなしフラット・底カーブ」の型紙の途中を切り開き、縦にまっすぐのばした形。深さは、中に入れるもののサイズに合わせてアレンジを。

製図の手順
①好みの深さ(ここでは12cm)の位置に底中心の点をとる。
②反転させた原型の輪郭を写し、脇線をのばしてつなぐ。
③周りに縫い代をつけ、縫いどまり位置の印をつける。

2枚合わせの脇折れまち

袋口の脇が内側に折れてまちができるデザイン。

〔 脇折れまち 〕

これぞ「がまぐち」、という形

脇の折り山の線からリベットにかけての、内側に入る三角の部分が、2枚合わせの胴からつながったまちになる。手になじむ小ぶりのサイズ。

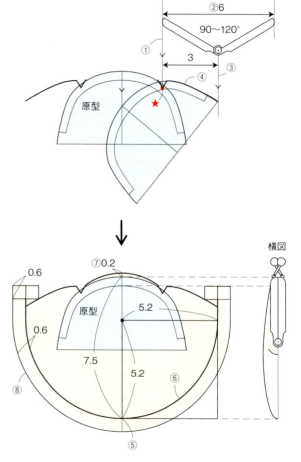

製図の手順

折れまちの描き方
①原型の肩の支点(★)を通る線を、中心線と平行に引く。
②口金を開いて(90度～120度くらいが妥当)横から見たときの幅を測る。
③②の1/2の距離(ここでは3cm)を★からとり、①の平行線を引く。
④★を支点にして、原型を反時計回りに回転させ、③の線とぶつかったところで原型の短辺の輪郭を写す。
⑤好みの深さ(ここでは7.5cm)で底中心の点をとる。
⑥④の端から脇線を垂直にのばし、中心線からの距離(ここでは5.2cm)を半径にして底にカーブを描き、脇線とつなぐ。
⑦口の中央部分を0.2cmほど膨らませる。
⑧周りに縫い代をつけ、両脇に折り代をつける。

ふっくらした形

底にダーツ、袋口にギャザーやタックを理れて立体的にするデザイン。

〔 底にダーツ 〕

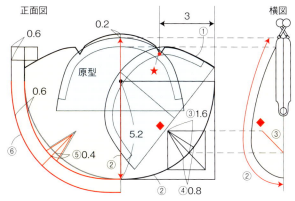

ダーツで容量アップ
p.46の「脇折れまち」の型紙をアレンジして、底にダーツを入れた形。底にボリュームが出て膨らむ分、容量がアップする。ダーツの長さや深さは、全体のバランスを見て決めること。

製図の手順
①p.46の①〜④「折れまちの描き方」と同様に原型の短辺を描く。
②横図を描き、矢印の間の距離を測って正面図にとり、この点を底中心として、①からのばした脇線と半径5.2cmの円弧でつなぐ。
③ダーツどまりの位置を決め、ダーツの長さを測る(ここでは1.6cm)。
④ダーツ分量を決め(ここでは0.8cm)、ダーツどまりとつなぐ。
⑤ダーツをつまんだ状態で底のカーブを描き直す。底のカーブの中央部分を膨らませ(ここでは0.4cm)、ダーツの長さを変えずにダーツどまりの位置を移動する。
⑥周りに縫い代をつけ、両脇に折り代をつける。

〔 ギャザー 〕

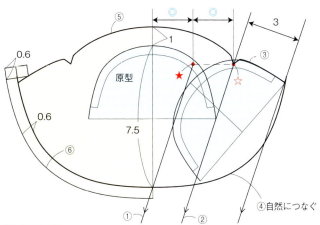

薄手の生地でふっくら作りたい
袋口に2倍幅のギャザーを寄せて膨らませた形。ギャザーでボリュームが増しても口金の溝幅に対して無理がないように、薄手の生地を使って。ギャザーの分量を変えたり、タックにアレンジしても(p.26〜27)。

製図の手順
①好みの深さ(ここでは7.5cm)で底線を引き、原型の肩の支点(★)と底中心を通る斜めの線を引く。
②★を中心線から2倍の位置に水平方向に移動して☆とし、これを通る①の平行線を引く。
③p.46の①〜④「折れまちの描き方」と同様に、原型の短辺の輪郭を描く。
④底中心と脇線を自然なカーブでつなぐ。
⑤口側は、ギャザーで膨らむ分を上にのばして、☆までをなだらかにつなぐ。
⑥周りに縫い代をつけ、両脇に折り代をつける。

つまみ底まち

底の両脇をつまんで縫い、まちを作った形。

〔 つまみ底まち 〕

底が平らで安定した形
上が丸くて下がスクエアな形。底は長方形で安定感があるので、バッグにも向いている。底がわなので、柄に上下の方向がある生地を使う場合は注意して。

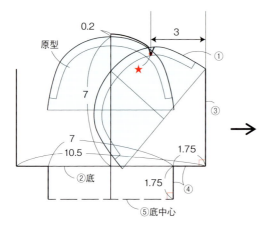
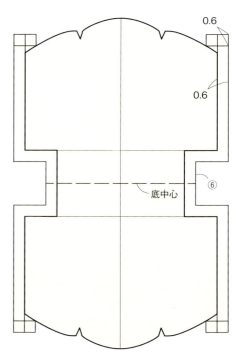

製図の手順
①p.46の①〜④「折れまちの描き方」と同様に、原型の短辺を描く。
②好みの深さ（ここでは7cm）の位置に底線を引く。
③p.46の③で引いた線を脇線としてまっすぐ②までのばす。
④脇から脇までの幅（ここでは10.5cm）を、底幅（ここでは7cm）とまち幅（3.5cm）に分割し、まち幅の1/2の距離（1.75cm）を脇からとって底まち線を引く。
⑤まち幅の1/2の距離（1.75cm）をとって、底中心線を引く。
⑥脇と底に縫い代をつけ、折り代をつける。

〔 つまみ底まち・底幅とまち広め 〕

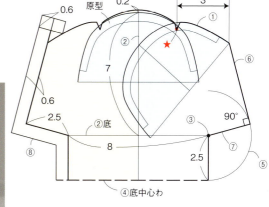

まち幅を広げて容量アップ
p.48の型紙と、深さは同じで、底幅と底まち幅を広げたもの。脇線と底まち線を垂直に交わらせるため、脇線が斜めになる。

製図の手順
①p.46の①〜④「折れまちの描き方」と同様に、原型の短辺を描く。
②好みの深さ(ここでは7cm)の位置に底線を引く。
③好みの底幅(ここでは8cm)の位置に点をとる。
④好みのまち幅(ここでは5cm)の1/2の距離(2.5cm)をとって、底線の平行線を引く。
⑤③の点を支点にして、まち幅の1/2(2.5cm)を半径にした円弧を描く。
⑥原型の短辺の端から引いた直線が⑥の円弧と垂直に交わる点を見つけて結ぶ。これが脇線になる。
⑦③と⑥の点を結び、底まち線を引く。
⑧脇と底に縫い代をつけ、折り代をつける。

〔 つまみ底まち・深 〕

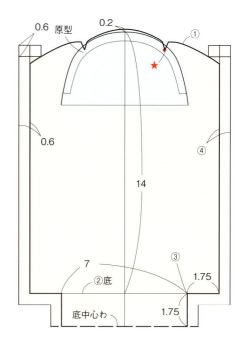

深くしてみると・・・
p.48の型紙と、底幅とまち幅は同じで、深さだけ変えたもの。ペンケースやツールケース、縦に入れるメガネケースなど細長くて厚みがあるものに。

製図の手順
①p.46の①〜④「折れまちの描き方」と同様に、原型の短辺を描く。
②好みの深さ(ここでは14cm)の位置に底線を引く。
③好みの底幅(ここでは7cm)の位置に点をとる。
④あとは、p.48を参照して描く。

別布でまちをつける

脇、底、胴に切り替えを入れてまちをつけるデザイン。

〔 通しまち 〕

脇と底がつながったまちが別布

両脇のまちと底を続けて裁ったものと、前後の胴を縫い合わせた形。胴の底のカーブは、口金とのバランスを考えて緩やかにしたが、もっと小さなカーブで底が広い形にしても。そうすると、胴の周囲の距離がのびるので、まちも長くなる。

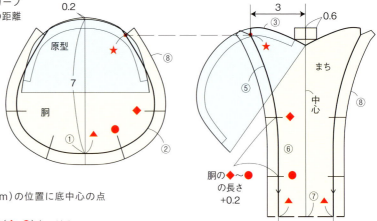

製図の手順

① まず、胴から描く。好みの深さ（ここでは7cm）の位置に底中心の点（▲）をとる。
② ★から好みのカーブで胴の輪郭を描き、合印（◆、●）をつける。
③ 次に、まちを描く。p.46の①〜④「折れまちの描き方」と同様に原型の短辺を描く。
④ まちの中心線をのばし、その左右に好みのまち幅（ここでは3cm）をとり、仮の長さで平行線を引いておく。
⑤ まちの★から、④のまち幅の線までを、任意のカーブでなだらかにつなぐ。
⑥ 胴の★から底中心（▲）までの距離を測り、⑤の線上に合印をつけながら写す。
胴のカーブと縫い合わせる◆と●の間には、まち側に0.2cmプラスする。
⑦ まちの中心線で対称に反対側も描き、左右の▲をつないで、まちの底中心の線を引く。
⑧ 胴に縫い代をつけ、まちに縫い代と折り代をつける。

〜縫い方のポイント〜

胴のカーブと合わせる部分（◆〜●）の、まちの縫い代に切り込みを入れ、合印を合わせて、まち側を上にして縫う。

〔横まち〕

脇のまちが別布

前後の胴と底を続けて裁ったものと、両脇のまちを縫い合わせた形。まちの底は、緩めのカーブにしたが、底をもっと平らな感じにしても。そうすると、まちの周囲の距離がのびるので、胴から続いた底部分の距離も長くなる。

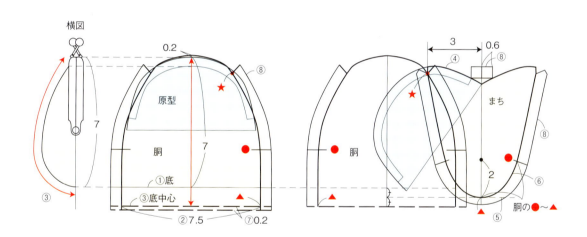

製図の手順

① まず、胴から描く。好みの深さ(ここでは7cm)の位置に底線を引く。
② 好みの底幅(ここでは7.5cm)の位置に向かって、★から脇線を引く。カーブは任意で。
③ 横図を描いて矢印の距離を測り、胴にその距離を写して脇線を延長し、底中心線を引く。
④ 次に、まちを描く。胴の★に重ねて、p.46の①〜④「折れまちの描き方」と同様に原型の短辺を描く。
⑤ まちの中心線をのばし、おおよその目安として、底中心を、胴の最初の底線と引き直した底中心線の中間にとる。
⑥ 底に好みのカーブ(ここでは、半径2cmの円弧)を描いて、合印(●)をつけながら、まちの★となだらかに結ぶ。
⑦ 胴の★から底中心(▲)までの脇線の距離を測り、まちの輪郭と距離が合うように修正する。まちのカーブと縫い合わせる●と▲の間には、胴側に0.2cmプラスする。
⑧ 胴に縫い代をつけ、まちに縫い代と折り代をつける。

〜縫い方のポイント〜

まちの底のカーブと合わせる部分(●〜▲)の胴の縫い代に切り込みを入れ、合印を合わせて、胴側を上にして縫う。

〔丸底・スリム〕

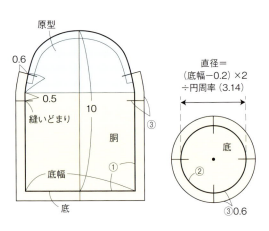

口金幅が底の円周の1/2
口金幅をそのまままっすぐのばして脇線を引き、両脇の距離から円周を計算して円を描き、底をつけた形。ボトルケースなどに最適。

製図の手順
①原型の端から脇線をまっすぐのばし、好みの深さ（ここでは10cm）の位置に底線を引く。
②底幅を測り、底の直径を計算して円を描く。
③底に縫い代を、胴の脇に縫い代と折り代をつけ、縫いどまり位置の印をつける。

〜縫い方のポイント〜
胴の底側の縫い代に均等に切り込みを入れ、きちんと合印を合わせて、底と縫い合わせる。下の「丸底・折れまち」も同様。

〔丸底・折れまち〕

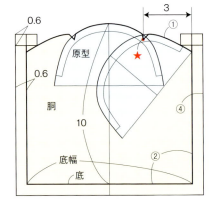

折れまちの分、ぷっくりした形に
口金周りはp.48の「つまみ底まち」と同様に描く。底に対して垂直に脇線を引き、両脇の距離から円周を計算して円を描き、底をつけた形。

製図の手順
①p.46の①〜④「折れまちの描き方」と同様に、原型の短辺を描く。
②脇線をまっすぐのばし、好みの深さ（ここでは10cm）の位置に底線を引く。
③底幅を測り、底の直径を計算して円を描く。
④底に縫い代を、胴の脇に縫い代と折り代をつける。

変形タイプ

胴の形を変形させたデザイン。

〔 円形ギャザー 〕

円形の型紙
型紙は、口金幅の約3倍の直径で円を描き、リベット脇の折り代をつけるだけ。ボリュームがありすぎると口金の溝に入らなくなるので薄手の生地で。

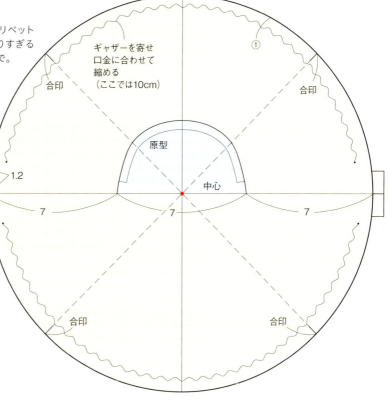

製図の手順
①口金幅の3倍程度の円を描く。
②口金のリベット脇の隙間に合わせて、両脇に折り代をつける。

～作り方のポイント～
表布と裏布それぞれに半周ずつ粗目のミシンをかけ、糸端を引いて縮め、口金の距離に合わせる。糸端を裏側で結んで固定し、ギャザーを整えながら表布と裏布の袋口を貼り合わせる。ギャザーを寄せるとわからなくなってしまうので、平らなうちに、中心の印や円周を等分した点を合印としてきちんとつけておくこと。

[step 2] 口金に合わせて型紙を作る

変わり型の口金

ここまでは、シンプルな角型と丸型の口金だけで説明してきましたが、
口金には、ほかにもいろいろなものがあります。
ユニークな形の口金で、比較的手に入りやすいものの中からいくつかピックアップしてご紹介。
基本の口金で型紙が作れるようになったら、
変わった形の口金にも、ぜひトライしてみてください。
上の写真は、大小の口金が脇のリベットでつながった親子口金。
この口金を使えば、小銭入れを内蔵させたお財布が作れます。

変わり型の口金

L字型口金

L字型口金
p.56

二つ山口金

二つ山口金・つまみ底まち
p.57

二つ山口金・底ダーツ
p.57

仕切りつき口金

仕切りつき口金
p.58

三枚口金

三枚口金
p.59

親子口金

親子口金
p.60

その他の口金

幅広口金
p.61

丸溝口金
p.61

L字型口金

角にげんこがついていて斜めに開く口金。

〔 L字型口金 〕

ひねりの効いたカードケースに

角についたげんこで斜めに開閉するL字型口金。リベットの中心を通る線で口金型を作るのは、ほかの口金と同じ。ただ、短辺側をぎりぎりにしてしまうと一般的なカードの幅に足りないため、少し余裕をもたせて作る。

使用した口金：約10.5×6cm（F69/角田商店）

製図の手順

①カードのサイズに合わせて原型の短辺を7cmまでのばしたところに中心線を引く。
②①の中心線で対称に反対側を描く。
③下に縫い代と、リベット脇に折り代をつける。

～縫い方のポイント～

中心線で中表に二つ折りして、下側を端から縫い、縫い代は割る。

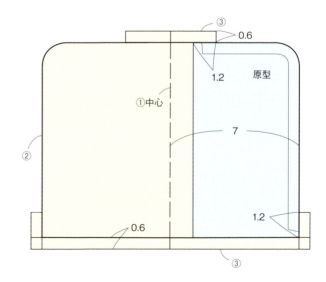

二つ山口金

メガネケースにちょうどいい、山が二つある口金。

〔二つ山口金・つまみ底まち〕

底にボリュームのあるメガネケースなら

メガネケース用のユニークな形の口金。カーブが2つ並んでいるけれど、口金型をきちんと作れば難しくはない。これは、底まちをつまんだ形なので、メガネを2つ入れても大丈夫。キルティング地などで作れば安心。

使用した口金：約17.5×5.5cm（F33/角田商店）

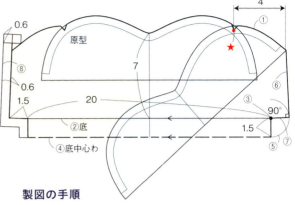

製図の手順

① p.46の①〜④「折れまちの描き方」と同様に、原型の短辺を描く。
② 好みの深さ（ここでは中心部分で7cm）の位置に底線を引く。
③ 好みの底幅（ここでは20cm）の位置に点をとる。
④ 好みのまち幅（ここでは3cm）の1/2の距離（1.5cm）をとって、底線の平行線を引く。
⑤ ③の点を支点にして、まち幅の1/2（1.5cm）を半径にした円弧を描く。
⑥ ①で描いた短辺の端から引いた直線が⑤の円弧と交わる点を見つけて結ぶ。これが脇線になる。
⑦ ③の点から⑥の脇線と垂直に交わる点を結び、底まち線を引く。まち幅の1/2（1.5cm）になるか確認する。
⑧ 脇と底まちに縫い代をつけ、折り代をつける。

〔二つ山口金・底ダーツ〕

中央にボリュームがある形

上に比べると中央部分が膨らんだ形でボリュームのあるサングラスなどを1つ収納するならこちらもおすすめ。この口金はげんこがフレームの谷間についているため邪魔にならず、メガネケースだけじゃなくポーチとしても使える。

使用した口金：約17.5×5.5cm（F33/角田商店）

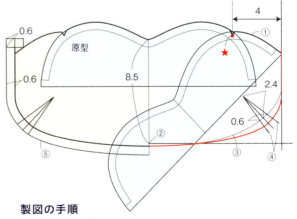

製図の手順

① p.46の①〜④「折れまちの描き方」と同様に、原型の短辺を描く。
② 好みの深さ（ここでは中心部分で8.5cm）の位置に底中心の点をとる。
③ 脇線をまっすぐのばし、底に好みのカーブを描き、底中心までつなぐ。
④ ダーツどまりの位置、ダーツの長さ、ダーツ分量を決め、膨らみ具合によって、ダーツ止まりの位置や、底のカーブを修正する（p.26、47）。
⑤ 周りに縫い代をつけ、両脇に折り代をつける。

仕切りつき口金

口金の内側に仕切り用のフレームがついています。

〔 仕切りつき口金 〕

袋の中を2部屋に分けられる

内側にリベット部分でつながった仕切り用のフレームが1枚ついていて、2部屋に分かれる仕組み。仕切りの布は底に挟み込んで縫っている。ギャザーで膨らませることで容量をアップして使いやすく。

使用した口金：約9.6×5.2cm
（F62/角田商店）

製図の手順

①外側の口金原型の、中心線から★までの距離の1.5倍の点☆を水平方向にとる。
②原型の★を☆に並行移動して、口金の短辺の輪郭を描く。
③ギャザー分を上に0.8cm分のばして、口の輪郭を描き、☆までをなだらかにつなぐ。
④好みの深さ（ここでは9cm）の位置に底中心の点をとり、好みのカーブで自然につなぐ。
⑤縫い代と折り代をつけ、縫いどまり位置の印をつける。
⑥仕切りは、仕切り原型の端から④まで、まっすぐ脇線をのばし、縫い代と折り代をつけ、縫いどまり位置の印をつける。

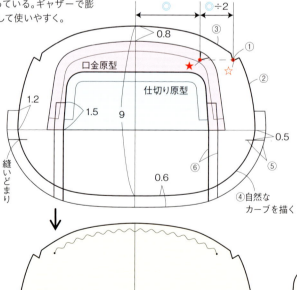

〜作り方のポイント〜

口金をはめるときは、内側の仕切り→袋の順に差し込む。

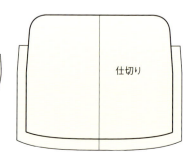

三枚口金

口金の間にもう1つ同じサイズのフレームが挟まっています。

〔 三枚口金 〕

それぞれ単独で開閉可

こちらも中央に仕切りつきで2部屋に分かれるタイプ。ただ、p.58の口金との違いは、2部屋は独立していて、それぞれ単独で開閉できる点。ストレートタイプの口金なので、つまみ底まちのすっきりしたデザインに。裏布は三枚口の中央の仕切りに入れる部分は、まちなしフラットタイプで、外側の口金に入れる部分は、つまみ底になっている。

使用した口金：約10.5×5.4cm（F111/角田商店）

製図の手順

①好みの深さ（ここでは8cm）の位置に底線を引く。
②好みのまち幅（ここでは2cm）の1/2の距離（1cm）をとって、①に平行に底中心線を引く。
③原型の脇線を②までのばす。
④まち幅の1/2（1cm）をとって、③と平行に引く。これが脇線になる。
⑤原型を支点（★）で反時計回りに回転して、④の脇線とぶつかったところで原型の短辺の輪郭を写す。
⑥脇と底まちに縫い代をつけ、縫いどまりの印をつける。
⑦表布は、②で対称に反転させて描く。
⑧裏布は、②の底中心線まで描き、原型の幅をまっすぐのばしてつなぐ。そこから深さ分を反転させて描き、脇に縫い代をつけ、縫いどまりの印をつける。

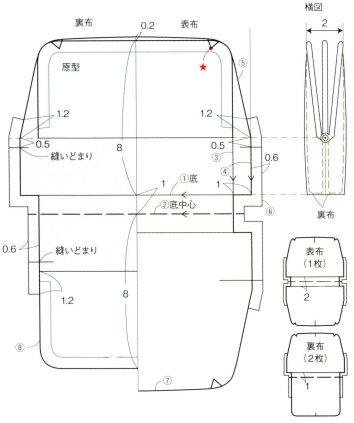

変わり型の口金 | L字型口金 | 二つ山口金 | 仕切りつき口金 | **三枚口金** | 親子口金 | その他の口金

親子口金

内側にもう1つ小さい口金がついて二重になっています。

〔 親子口金 〕

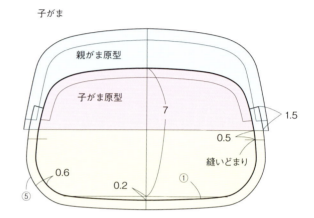

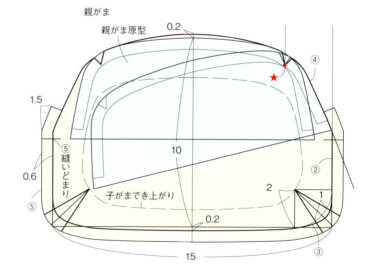

袋の中を3部屋に分けられる

外側の口金を開けると、中にもうひとつ小さい口金があり、3部屋に分かれる親子口金。子がまの中に小銭を入れ、親がまのほうに紙幣を入れるというこの形は、がまぐち財布のスタンダードスタイル。

使用した口金：約13×5.5cm
（F63／角田商店）

製図の手順

①子がまは、好みの深さ（ここでは7cm）の位置に底線を引き、底は好みのカーブで、フラットタイプの製図をする(p.45)。
②親がまは、好みの深さ（ここでは10cm）で底線を引き、好みの幅（ここでは15cm）をとって脇線を引く。
③好みの長さのカーブで、ダーツを描く(p.47)。
④親がまの原型を支点（★）で反時計回りに回転して、②の脇線とぶつかったところで原型の短辺の輪郭を写す。
⑤縫い代をつけ、縫いどまりの印をつける。

その他の口金

基本は角型や丸型と同じデザインですが、フレームに特長のある口金です。

〔 幅広口金 〕

口金の溝の深さに注意

プラスチック製や木製など異素材の口金には、幅が広いタイプのものもある。型紙を作るときには、溝の深さやリベット部分の隙間に気をつけて。

使用した口金：約10×5cm（OCA-17 IV/日本紐釦貿易）

製図の手順

①好みの深さ（ここでは8cm）の位置に底線を引き、好みの幅（ここでは12cm）をとって脇線を引き、底は好みのカーブ（ここでは半径3cm）を描く。
②脇線をのばし、P.46①〜④「折れまちの描き方」の製図をする。
③リベット脇の折り代は、幅1cmつける。（口金を開いたときのリベット部分の隙間が1.5cmあるので、0.6cm×2では足りなくなるため）

〔 丸溝口金 〕

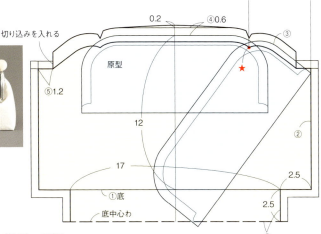

袋口にも縫い代をつける

金属製でも、丸溝タイプは袋口の口金に入る部分が広めに必要になる。はめるときに使う紙紐も太いものを用意して。溝に巻き込むようにしてはめるので、中身をたくさん入れて重くなっても安心感がある口金。

使用した口金：約15×5.8cm（CR-6480/角田商店）

製図の手順

①好みの深さ（ここでは12cm）の位置に底線を引き、好みの底幅（ここでは17cm）の位置に点をとる。
②底中心は好みのまち幅（ここでは5cm）の1/2の距離（2.5cm）をとり、つまみ底まちの製図をする（p.13）。脇線を引く。
③P.46①〜④「折れまちの描き方」と同様に原型の短辺を描く。
④丸溝なので、口金に入れる部分の幅を0.6cm足して広くする。
⑤リベット脇の折り代は、幅1.2cmつける。（口金を開いたときのリベット部分の隙間が1.5cm＋口金の幅も広いので）

61

[step 2] 口金に合わせて型紙を作る

付属するパーツ

基本サイズの口金で、いろいろながまぐちの型紙を
自由に作れるようになったら、次のステップへ。
少し大きなサイズの口金を使い、持ち手をつけてバッグにしたり、
ポーチの内側に、ポケットや仕切りをつけて使いやすいように工夫したり、
小さなコインケースに根付飾りをつけたり。
まだまだ、がまぐちの楽しみ方はいろいろあります。

付属するパーツ

持ち手

胴に直接つける
革テープ+リング+カシメ
p.64

胴に直接つける
既製の革持ち手+麻糸
p.64

胴に直接つける
ハトメ+ロープ
p.64

カンつき口金につける
共布+ナスカン
p.65

カンつき口金につける
既製のナスカンつきチェーン
p.65

カンつき口金につける
チェーンに革テープを
通してアレンジ
p.65

脇にタブを挟み込む
p.65

ポケット

基本のポケット
p.66

全面ポケット
p.66

プリーツポケット
p.67

仕切り

扇形のまち+仕切り
p.68

根付飾り

丸モチーフ
p.69

四角モチーフ
p.69

丸玉
p.69

タッセル
p.69

＊使用した口金：約15×6cm（F24・29/角田商店）

持ち手

がまぐちでバッグを作るときに必要な持ち手。代表的なつけ方をご紹介します。

〔 胴に直接つける 〕

革テープ＋リング＋カシメ
好みの幅の革テープで作るオリジナルハンドル。リングに通してカシメでとめるので、横に倒せるので口を開けやすい。円形のリングに限らず、楕円形のものや角カンを使ってもOK。

既製の革持ち手＋麻糸
胴につける位置に針穴があいた既製の革持ち手は、ロウ引きした麻糸などを使って手縫いでつける。横に倒れないため、口金のサイズや持ち手の長さによっては開けにくい場合もあるので注意。
本革持ち手（MTK23-O/日本紐釦貿易）

ハトメ＋ロープ
胴にハトメをつけ、その穴にロープを通して裏で端を結び、持ち手に。結び目を解けばすぐ外せるので別の持ち手に取り替えるのも簡単。口金をはめた後からでもハトメをつけることは可能。

P.64〜67は下図のサイズのがまぐちをベースにしています。

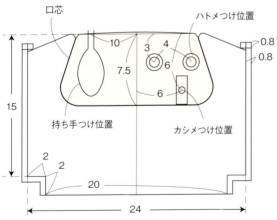

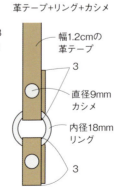

胴に何かをつけるときには口芯で補強
胴に持ち手や金具をつけるときには、補強のため表袋と裏袋の間に口芯を入れるとよい。肝心な場所をカバーできれば輪郭は任意でよいが、角は丸くしておく、口金に入る縁だけ貼ってほかは浮かせておくなど、表に響かない工夫を。

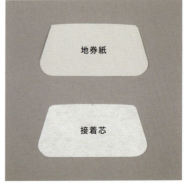

地券紙（上）などの紙なら口金の幅で接着剤を塗って貼り、不織布タイプの厚手接着芯（下）なら、アイロンで口金の幅分だけ押さえて接着する。

〔 カンつき口金につける 〕

チェーン持ち手（BK-48/INAZUMA）

共布＋ナスカン
布を四つ折りにして縫い、両端にナスカンをつけて作る持ち手。布の厚さによって接着芯の貼り方を考え、三つ折りする両端は不要な部分をカットして、すっきり仕上げる工夫を。

既製のナスカンつきチェーン
がまぐちをバッグにするのに最も手軽なチェーン。長さは40cm前後の手提げタイプから120cm前後の斜めがけタイプまでいろいろあるので、口金の色やボリューム、袋のサイズに合わせて選んで。

チェーンに革テープを通してアレンジ
穴が大きめのシンプルなチェーンに、テープ状の細い布や革、リボンなどを通してアレンジ。ねじれないようチェーンに通し、両端は裏側で何目かくぐらせ、接着剤をつけてとめる。

持ち手用のカンつき口金には、まず丸カンを
カンつき口金に持ち手のナスカンを直接つけると、強い力がかかったときに口金のカンが根元から折れてしまうことも。口金のカンと持ち手のナスカンの間に、丸カンを1つ入れておくと安心。

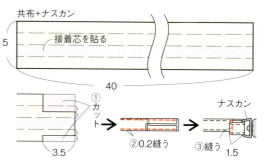

〔 脇にタブを挟み込む 〕

本革ショルダー持ち手（BS-1202S/INAZUMA）

脇にDカンつきタブを挟んで
カンのついていない口金を使って斜めがけショルダーバッグにしたいとき、Dカンを通したタブを両脇に挟んで縫っておけば市販のナスカンつきショルダーストラップを手軽に取りつけられる。ただし斜めがけ限定。バランスがよくないので手提げには不向き。

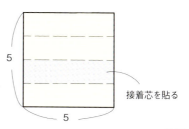

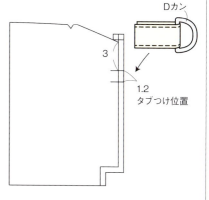

ポケット

ついていると便利なポケット。がまぐちポーチやバックでよく使う3タイプのポケットをご紹介します。

〔 基本のポケット 〕

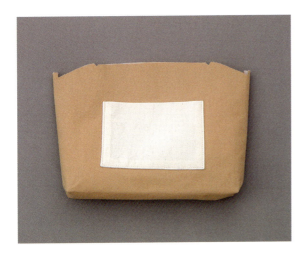

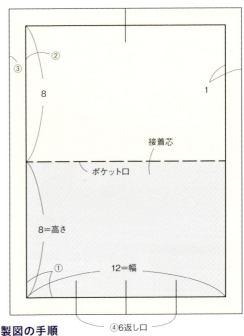

どこにでも使える万能タイプ

バッグでもポーチでも、どんなものにもつけられる万能パッチポケット。縫い返す二重仕立てなので、丈夫できれいに仕上がる。仕切りを縫ったり、まちをたたんだりとアレンジしても。

製図の手順

①でき上がりサイズの長方形を描く。
②①を縦に2倍にする。
③周りに1cmの縫い代をつける。
④ポケット底に返し口（幅の1/2）の印をつける。ポケット口はわで裁つ。

〔 全面ポケット 〕

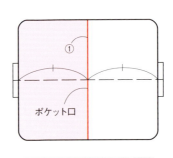

二つ折りするだけだから簡単

アウトラインを利用して作る簡単なポケット。外表に二つ折りするだけなので、多少厚手の布でもOK。これは三辺を口金に収める形だけれど、縫い目を利用して胴やまちにつける方法もある。

製図の手順

①胴の型紙を利用して、三辺は胴のアウトラインと共有し、好みの位置にポケット口の線を引く。ここではちょうど1/2の位置にしている。
②ポケット口をわにして①の線で対称に折ったとき裏側になるほうには折り代をつけず、表側のみに折り代をつける。

〔 プリーツポケット 〕

お財布のカード入れに
階段状にたたんで作るカードポケットは、口金のサイズによってアレンジも可能。正確にたたむには、薄手の布に接着芯を貼り、折り線をへらでなぞって折り目をつけ、アイロンでしっかり押さえるとよい。さらに、たたむと重なる脇の余分な部分をカットすることによって、すっきり仕立てられる。

製図の手順
①幅は、作りたいバッグや財布に合わせて任意で決める。(一般的なサイズのカードをスムーズに出し入れするには、幅9.5〜10cm必要。よって、このように中央に仕切りを入れて横に2枚並べるには、幅20cm前後は必要になる。)
②高さ(ここでは10.5cm)を、ポケット前面(5.75cm)とポケット背面(4.75cm)に分けたものがポケット1段分。これを3段分、平行線を引く。
③さらに5.75cmの距離にポケット口Dの平行線を引く。
④1cmの段差で階段状に3組たたむと、ポケット口Dの背面側の高さはポケット口Aの前面側の高さに3cmプラスになるので、8.75cmの距離に平行線を引く。ここがポケット全体の背面の底になる。この方法で、ポケット何段にでも増減することが可能。
⑤胴の脇線が、底線に垂直な直線ではない場合には、ここでいったんでき上がりの状態にたたんで、脇線のラインを写す。(P.77・長財布)
⑥周りに縫い代をつけ、たたむと重なる縫い代の余分をあらかじめカットするための線を引く。

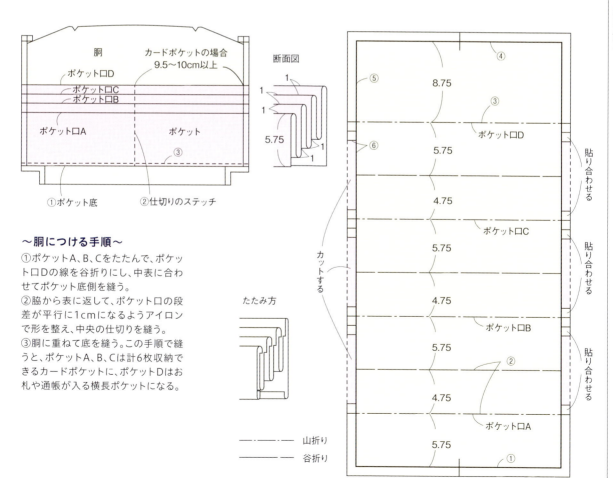

〜胴につける手順〜
①ポケットA、B、Cをたたんで、ポケット口Dの線を谷折りにし、中表に合わせてポケット底側を縫う。
②脇から表に返して、ポケット口の段差が平行に1cmになるようアイロンで形を整え、中央の仕切りを縫う。
③胴に重ねて底を縫う。この手順で縫うと、ポケットA、B、Cは計6枚収納できるカードポケットに、ポケットDはお札や通帳が入る横長ポケットになる。

仕切り

脇に扇形のまちをつけて、口金の内側を仕切る方法です。

〔 扇形のまち＋仕切り 〕

コインケースなどに
裏布で作った仕切りの両側に扇形のまちをつければ、細かいものを入れても中身がこぼれ出る心配はない。仕切りの枚数を増やしたり、扇形を途中に挟んでさらに細かく仕切ることもできる。

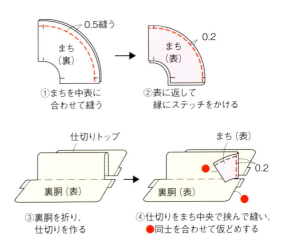

製図の手順
①まず、p.22「まちなしフラット・底わ」と同様に胴の部分を描く。
②①の底中心で切り開き、仕切りの高さを任意で決めて、平行線を引く。
③扇形のまちでつまむ部分の脇をカットする。
④次に、扇形のまちを描く。底中心を支点に、仕切りの高さを半径にした1/4の円を描く。
⑤支点から22.5度、45度、67.5度の斜線を引く。
⑥扇の要部分はカットし、周りに縫い代をつける。

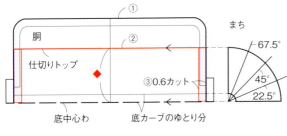

〜接着芯の貼り方〜
扇形のまちには、接着芯は円弧の部分の縫い代を除いて片面のみに貼り、円弧の部分を縫って表に返してから、間に両面接着芯を挟んでアイロンで接着すると扱いやすい。生地の厚さによっては、両面接着芯だけでよい場合もある。

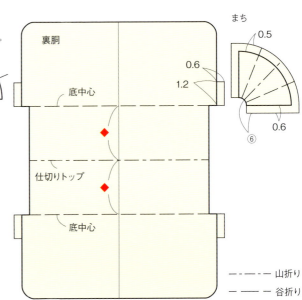

根付飾り

根付用のカンつき口金なら、袋布に合わせて根付飾りも楽しんで。余り布で作れる4種類の根付飾りを紹介します。

〔 丸モチーフ 〕

ヨーヨーキルト風の丸いモチーフは、二つ折りした長方形の生地をぐし縫いして縮めるので薄手の生地が適している。中心にビーズやボタンをつけても。

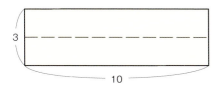

①中表に合わせて短辺を縫い、筒にする。
②外表に二つ折りにする。
③布端側の端を2枚一緒にぐし縫いして、縮める。

〔 四角モチーフ 〕

正方形の生地を折り紙のようにたたんで中心を縫いとめるだけ。3回折ってでき上がるとボリュームが出るので薄手でアイロンが効くタイプの布が作りやすい。

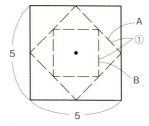

①中心に向かってABの順に折る。
②裏返して折っていない面を上にし、角を中心に向かって折る。

〔 丸玉 〕

たくさん作ってぶら下げたい丸い玉。円形に裁った生地の周りを二度ぐし縫いして縮めるのがポイント。シーチングや手ぬぐい程度の薄手の布が作りやすい。

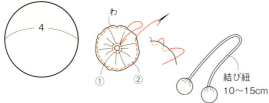

①布端を一周ぐし縫いして縮める。
②縮めた折り山をすくうように一周ぐし縫いをする。
③糸を引き絞りながら結び紐の端を入れてとめる。

〔 タッセル 〕

あらかじめ水で薄めた接着剤を生地に塗って乾かしてから、切り込みを入れて巻くだけ。多少厚手の布でも作れる。太さや長さ、切り込みの幅はお好みで。

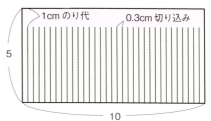 

①全体に接着剤を塗ってほつれ止めしてから切り込みを入れる。
②結び紐の端をのり代端に縫いとめ、接着剤をつけて巻く。

step 3 アレンジしてがまぐちを作る

step1,2で学んだことを応用して、いろいろなデザインのがまぐちを作ってみましょう。
＊p.70〜79の作品の型紙は、すべて実物大型紙2面に入っています。

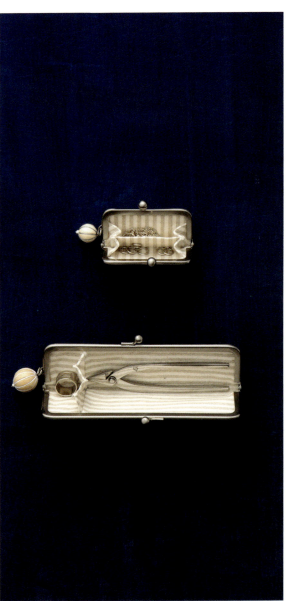

A. 小物ケース

アレンジしたデザイン
角型口金／まちなしフラット・底わ…p.22
扇形のまち+仕切り…p.68

使用した口金
1. 約7.5×3.5cm（CH-110/タカギ繊維）
2. 約16.7×4.5cm（CH-112/タカギ繊維）

外側は角型口金のフラットタイプで、内側は扇形のまちを使って仕切りをつけた小物ケースです。上は2部屋に均等に分割するタイプ。中央に仕切りをつけ、両脇には扇形のまちをつけているので、細かいパーツもこぼれ落ちる心配がありません。下は大小の部屋に分けるタイプ。口金のサイズ選びや仕切りの入れ方を工夫して、趣味の道具などを使いやすく収めましょう。

B. ツールケース

アレンジしたデザイン
角型口金／まちなしフラット・底わ…p.22
全面ポケット…p.66

使用した口金
約22×9.5（CH-120 BN／タカギ繊維）

外側はp.70と同様、角型口金のフラットタイプ。内側は、下半分にポケットをつけ、仕切りを縫ってあります。編み針など、細長いものを複数収納するツールケースにぴったり。仕切りの幅は、入れるものに合わせて調整しましょう。1枚の型紙ですべてのパーツを裁断できるので、型紙作りの難易度は低め。生地の組み合わせを楽しんで作ってください。

C. ポーチ

アレンジしたデザイン
丸型口金／ギャザー…p.47

使用した口金
約16.6×6.5cm（CH-113/タカギ繊維）

緩やかなカーブを描く、くし形の口金を使ったギャザーポーチ。普段バッグに入れて持ち歩いている細々したものをひとまとめにできる万能ポーチです。ストライプの柄が生きるように、ほどよい分量のギャザーを入れました。ぱちんと開けたら中身が全部見渡せて、そのまま手を入れて目当てのものを取り出しやすい深さの横長タイプ。そんな縦横の比率やギャザーの分量などは、いろいろ作ってみて、お好みのバランスを見つけてください。

D. ミラーつきボックスコスメポーチ

アレンジしたデザイン
角型口金／ボックス型…p.41

使用した口金
約19×11cm（BK-1855/INAZUMA）
ミラー
約10.7×5.8cm（AK-77/INAZUMA）

大きめの角型口金で作ったたっぷりサイズのボックスポーチ。口金をはめる前に、蓋の裏にミラーを縫いつけます。張りのあるしっかりした生地を使って、かちっと仕上げましょう。中の大小ボックスは、おまけのヒント。汚れたら取り出して洗えるし、追加したり作り変えたりするのも簡単で、ポケットよりも自由が効く仕分け方法です。使いやすくカスタマイズして整理整頓を。

E. おにぎりバッグ&ボトルケース

アレンジしたデザイン
1. おにぎりバッグ
角型口金／横まち・直角…p.37
2. ボトルケース
丸型口金／丸底・折れまち…p.52
カンつき口金につける持ち手…p.65

使用した口金
1. 約10.5×5.4cm（F27/角田商店）
2. 約9.9×5.7cm（F11/角田商店）

たまたま同じ柄の生地を見つけたので、ボトルケースはラミネート地で、おにぎりバッグはキルティング地で作りました。内側に保温保冷シートを使ってもいいでしょう。市販のバッグ用革持ち手1組を1本ずつつけて、ランチ用のセットに。おにぎりバッグは、口が大きく開いてほしいので足が長めの口金が向いています。ボトルケースも、サイズをよく検討してから口金を選び、型紙を作ってください。

F. ハンドバッグ

アレンジしたデザイン
角型口金／通しまち・カーブ…p.34
全面ポケット…p.66
カンつき口金につける持ち手…p.65

使用した口金
約18×7.5cm（F1800／日本紐釦貿易）
ナスカン
内径12mm（H2-12mm／角田商店）

底が平らなので、置いても安定感のある通しまちのバッグ。胴とまちを縫い合わせるラインを利用して外側と内側に1つずつ、仕切りの位置だけ変えたポケットをつけています。さらにパイピングテープを挟んでアクセントに。持ち手は共布で作り、両端に通したナスカンで口金につけて。この木玉のような変わり玉のついた口金もいろいろな種類があるので、生地との組み合わせを楽しんで。

G. 二つ折り財布

アレンジしたデザイン
角型口金／まちなしフラット・底わ・角…p.22
プリーツポケット…p.67

使用した口金
約9×6cm（F21／角田商店）

外側に口金つきの小銭入れを配したコンパクトな二つ折り財布。開くと、カード6枚分の階段状のポケットと札ポケットが。カードポケットは縫い代がたくさん重なる部分ができるので、薄手の生地を使い、接着芯をきちんと貼って作りましょう。札ポケットとカードポケットに表布を中表に重ね、外周を縫って表に返しますが、二つ折りにした場合の外と内の差を考慮して、ちょっと手加減を加えるのがきれいに仕上げるコツ。全体をアイロンで整えてから小銭入れ部分を作り、口金は最後にはめます。

H. 長財布

アレンジしたデザイン
基本のつまみ底まち…p.11
まちなしフラット・底わ・角…p.22
基本のポケット…p.66
プリーツポケット…p.67

使用した口金
約19.8×7.5cm（F122/角田商店）

親子口金で作った容量たっぷりの長財布。角形なので無駄がなく、親がまは、お札や通帳がちょうどよく収まるサイズです。子がまはもちろん小銭入れに。親がまの内側は、片方にはカードが6枚入るポケットを、もう片方には2枚入るポケットをつけています。さらに、子がまの外側にもう1枚分カードポケットをつけました。お手持ちのカードの枚数や使用頻度に合わせて、ポケットの組み合わせや位置を使いやすくデザインしてください。

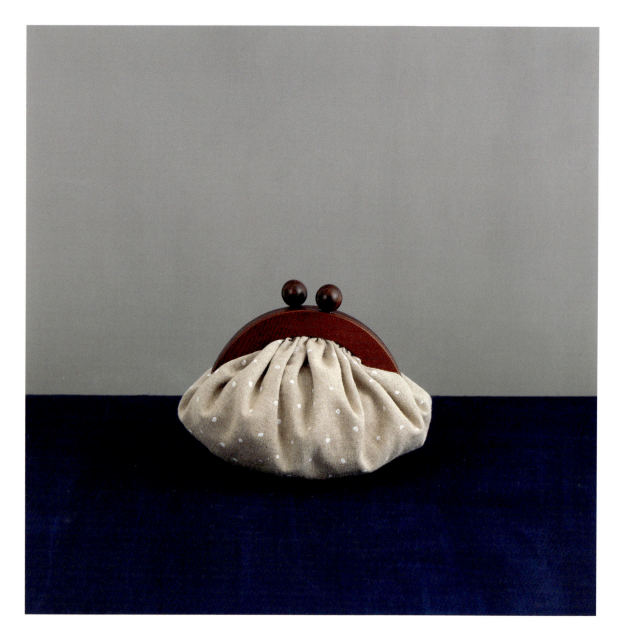

l. ポーチ

アレンジしたデザイン
丸型口金／円形ギャザー…P.53
幅広口金…P.61

使用した口金
約12.5×6cm（WK-1401/INAZUMA）
※幅はリベット間の距離

木製でねじどめタイプの丸型口金を使って。袋部分は、円形に裁った生地の周りにギャザーを寄せるだけ。いろいろなものを無造作に放り込んでもおおらかに受けとめてくれる、懐の深いポーチです。柔らかい素材で接着芯を貼らずに作るとギャザーがきれいに出せます。はめるときには、目打ちで少しずつ押し込んで。

J. クラッチバッグ

アレンジしたデザイン
角型口金／つまみ底まち・底幅とまち広め…p.29
幅広口金…p.61
基本のポケット…p.66

使用した口金
約21×8.5cm（WK-2301/INAZUMA）
※幅はリベット間の距離

こちらは、木製でねじどめタイプの角型口金で。ちょっと両肩が上がったフォルムですが、口金原型をきちんと作れば、あとの要領は同じ。袋部分はつまみ底まちのシンプルな仕立てにして、内側にはパッチポケットを1つつけました。作り方は簡単なのに、口金のインパクトが強いので見栄えのするバッグができ上がります。

著者　越膳夕香

北海道旭川市出身。女性誌の編集者を経て作家に転身し、手芸雑誌や書籍などで、バッグ、布小物、ニット小物などの作品を発表している。和服地から革、毛糸まで、扱う素材の守備範囲は広い。各自が、好きな素材で作りたいものを作るフリースタイルの手芸教室「xixiang手芸倶楽部」を主宰。毎日の暮らしの中で使えるものを、自分仕様で作る楽しさを伝えている。著書に、『バッグの型紙の本』(小社刊)『もっと、がまぐちの本』『布で作ろう、革で作ろう　わたしのお財布』(河出書房新社)、『今日作って、明日使える　手縫いの革小物』(マイナビ出版)など。

http://www.xixiang.net/

バッグの型紙の本
NV70429 ／ B5変型判／ 80頁
価格 1,300円（税別）
ISBN978-4-529-05723-3

撮影　　　白井由香里
デザイン　アベユキコ
トレース　しかのるーむ
校正　　　森田佳子
編集　　　加藤みゆき

協力　　　INAZUMA（植村）
　　　　　京都市上京区上長者町通黒門東入杉本町459番地
　　　　　TEL:075-415-1001
　　　　　http://www.inazuma.biz/

　　　　　KAWAGUCHI
　　　　　東京都中央区日本橋室町4-3-7
　　　　　TEL:03-3241-2101
　　　　　https://www.kwgc.co.jp/

　　　　　クロバー
　　　　　大阪府大阪市東成区中道3丁目15番5号
　　　　　TEL:06-6978-2277（お客様係）
　　　　　https://clover.co.jp/

　　　　　タカギ繊維
　　　　　京都府京都市上京区黒門通上長者町上る榎町374
　　　　　TEL:075-441-4181
　　　　　http://www.takagi-seni.com/

　　　　　角田商店
　　　　　東京都台東区鳥越2-14-10
　　　　　TEL:03-3863-6615（店舗直通）
　　　　　http://www.tsunodaweb.shop/

　　　　　日本紐釦貿易
　　　　　大阪市中央区南久宝寺町1-9-7
　　　　　TEL:06-6271-7087
　　　　　http://www.nippon-chuko.co.jp/

がまぐちの型紙の本

発行日／2019年9月2日
著者／越膳夕香
発行人／瀬戸信昭
編集人／今　ひろ子
発行所／株式会社 日本ヴォーグ社
〒164-8705　東京都中野区弥生町5丁目6番11号
TEL 編集／03-3383-0644
　　販売／03-3383-0628
　　振替／00170-4-9877
　　出版受注センター／TEL 03-3383-0650
　　FAX 03-3383-0680
印刷所／大日本印刷株式会社

Printed in Japan ©Yuka Koshizen 2019
NV70549 ISBN978-4-529-05929-9 C5077

●本書の複写に関わる複製権・翻訳権・上映権・譲渡権・公衆送信権（送信可能化権を含む）は株式会社日本ヴォーグ社が管理の委託を受けています。
●JCOPY ＜(社)出版者著作権管理機構　委託出版物＞
本書の無断複写は著作権法上での例外を除き禁じられています。複写される場合は、そのつど事前に、(社)出版者著作権管理機構（電話 03-3513-6969、FAX 03-3513-6979、e-mail: info@jcopy.or.jp）の許諾を得てください。
●万一、乱丁本、落丁本がありましたらお取り替えいたします。お買い求めの書店か小社販売部へお申し出下さい。

We are grateful.
あなたに感謝しております

手作りの大好きなあなたが、この本をお選びくださいましてありがとうございます。内容はいかがでしたか？　本書が少しでもお役に立てば、こんなにうれしいことはありません。日本ヴォーグ社では、手作りを愛する方とのおつき合いを大切にし、ご要望におこたえする商品、サービスの実現を常に目標としています。小社及び出版物について、何かお気付きの点やご意見がございましたら、何なりとお申し出ください。そういうあなたに、私共は常に感謝しております。

株式会社日本ヴォーグ社社長　瀬戸信昭
FAX 03-3383-0602

日本ヴォーグ社関連情報はこちらをご覧ください。
(出版、通信販売、通信講座、スクール・レッスン)
https://www.tezukuritown.com/

手づくりタウン　検　索